ADICCIÓN A LOS VIDEOJUEGOS

Cómo Acabar con el Ciclo de Adicción a los Videojuegos y Desarrollar Habilidades Sociales Esenciales

LAWRENCE GLOVER

Índice

Introducción

¿Pueden los videojuegos crear adicción? En resumen, sí. Pero exploremos un poco más este tema.

La adicción a los videojuegos debía incluirse en los libros de referencia psicológica como una subcategoría de la adicción a Internet. No se incluyó debido a algunos problemas técnicos. Pero muchos estudios e investigadores creen que es una adicción.

Un estudio tras otro ha descubierto que las personas que sufren de aislamiento son más sugestionables a las adicciones de cualquier tipo, y los adictos a los videojuegos tienden a estar aislados.

El estrés también es un factor importante. De hecho, para la mayoría de las personas, el estrés parece ser su principal desencadenante.

Recuerda: Una adicción te predispone a otras. Si eres adicto a una adicción, es más probable que te vuelvas adicto a los videojuegos y viceversa.

Los sistemas cerebrales responsables del "gusto" y del "deseo" son sistemas distintos. Una adicción influye en los mecanismos del "querer". Así es como uno puede ser adicto a un videojuego que ni siquiera le gusta. Por ejemplo, jugar al Hex ni siquiera me divertía después de un tiempo y seguía haciéndolo.

Pero la verdadera forma de responder si es o no una adicción es sencilla.

¿Interfiere en una vida feliz y saludable?

Estaba jugando al MMO Hex: Shards of Fate durante más de 8 horas al día y gastando mucho dinero en esas cartas.

Así que me impidió absolutamente vivir al máximo de mi potencial.

Algunos autores han determinado que los videojuegos son uno de los factores que conducen a que las chicas muestren más rendimiento académico y éxito en la vida que los hombres. Es un problema global que contribuye al bajo rendimiento de nuestra generación. También se ha demostrado que contribuye a numerosos problemas de salud, como los trastornos cardiovasculares. Por eso estoy tan agradecido de que hayas comprado este libro.

Has decidido mejorar y cambiarte a ti mismo para mejor, algo que sólo hace el 1% de las personas.

Ejercicio

Me gustaría que tomaras un bolígrafo y un papel y te hicieras estas preguntas:
- ¿Cómo han influido los videojuegos en tu vida?
- ¿Cómo influyen los videojuegos en tus emociones y tu vida social?
- ¿Cuánto tiempo has perdido con los videojuegos?

Pero este libro también es para ti si has buscado ayuda a la hora de ayudar a otra persona. Por ejemplo, a su hijo.

¿Ha empezado a preocuparse por la cantidad de tiempo que su hijo pasa frente a la pantalla jugando a los videojuegos? ¿Le ha costado dirigir la atención de su hijo lejos del mando y hacia otras aficiones más activas? ¿O incluso ha tenido problemas para captar su atención en general?

¿Y ha notado algunos comportamientos problemáticos, como un mayor mal humor, hostilidad o incluso exhibición de ira cuando juega?

Bueno, no estás solo. Estoy aquí para ayudarte.

Con el auge de los juegos durante el siglo XX, los padres han tenido que añadir un elemento más a su interminable lista de preocupaciones a la hora de educar a sus hijos. Créeme, lo entiendo.

Se han lanzado muchas palabras negativas relacionadas con el exceso de juego, especialmente en los jóvenes. Es posible que tú mismo hayas pensado en algunas de estas palabras. Palabras como "pereza", "atrofia cerebral" y "obesidad" han estado presentes en las sombras de los videojuegos desde su concepción. Y con juegos como Call of Duty, Fortnite o Grand Theft Auto, es posible que también te preguntes cómo puede influir la violencia en el comportamiento de tu hijo.

Los padres han empezado a preocuparse por cómo la adicción a los juegos podría afectar a sus familias, por los efectos duraderos que estos juegos podrían tener en sus hijos y por cómo afectarían a las habilidades sociales de sus hijos. Pueden sentir que este tipo de adicción puede interponerse en la relación con sus hijos. Aunque estas preocupaciones siguen siendo válidas, hay varias maneras de que los padres puedan conectar con sus hijos y ayudarles a cultivar una relación más sana con los videojuegos.

Una de las principales razones por las que no podemos entender este tipo de comportamiento adictivo a los videojuegos es porque simplemente no lo entendemos. La mayoría de nosotros no hemos crecido con la tecnología que se ha producido tan rápidamente durante estos últimos años.

¿Alguien se acuerda de Crash Bandicoot cuando todo se parecía a Minecraft x 100? Sí, los juegos han cambiado mucho desde entonces.

Ahora tienes el interminable e intrincado mundo de Skyrim, con retos interminables y actualizaciones constantes. Tienes juegos que parecen más reales que la vida real, en los que los jugadores pueden elegir su propio futuro, su aspecto y sus aspiraciones, todo ello con solo tocar un botón.

Hay muchas razones por las que los niños eligen los videojuegos en lugar de otras actividades sociales. Algunas podrían deberse simplemente a factores menos preocupantes -pero no por ello menos preocupantes- como la timidez, la falta de amigos o incluso los lugares de aislamiento.

Otros podrían estar relacionados con preocupaciones más serias como la baja autoestima, los sentimientos de abandono, la gestión del estado de ánimo, la ansiedad o la depresión. Con tantos factores y variables diferentes que juegan en esto, usted podría sentirse perdido. Sin embargo, estoy aquí para ayudarte a explicarlo, ¡así que no te preocupes!

Los videojuegos pueden proporcionar seguridad o actividades más desafiantes para su hijo. Si la escuela no es lo suficientemente atractiva, los niños pueden recurrir a los juegos virtuales para estimular su cerebro y crear más desafíos. Juegos como Minecraft permiten a los niños y adolescentes construir mundos complejos por sí mismos, mientras que otros, como Zelda o Skyrim, ofrecen retos únicos que deben resolver. Hay misiones que realizar, enigmas que desentrañar y mundos enteros que construir.

Además, si un niño se siente inquieto por el inicio de la pubertad, el acoso escolar o las presiones de la sociedad, puede recurrir a los videojuegos en busca de consuelo. Juegos virtuales como Animal Crossing, League of Legends y Rocket League son sólo algunos de los que han creado enormes comunidades en línea en las que tu hijo puede sentirse más seguro y establecer conexiones más valiosas que en el mundo real. Pero sea cual sea el motivo, si su hijo pasa más tiempo jugando de lo que suele ser normal o empieza a mostrar un comportamiento problemático, como un aumento de la ira o la hostilidad hacia usted y su familia, esta afición ha dejado de ser una actividad recreativa y se ha convertido en una dependencia.

Si su hijo (o usted) pasa demasiado tiempo jugando, hasta el punto de que empieza a interferir en su vida diaria, puede ser un indicio de que su hábito de juego ha evolucionado hacia algo más serio. Tal vez haya luchado para que su hijo se concentre en sus responsabilidades y necesidades cotidianas, o tal vez sus notas hayan empezado a bajar, pero no parece que le esté escuchando. Tal vez haya empezado a preocuparse por el deterioro de su higiene personal o por su falta de concentración últimamente. Si esto le suena a usted y a su hijo, entonces ha cogido el libro adecuado.

En los próximos capítulos, nos adentraremos en lo que es la adicción al juego y en algunos signos y síntomas que indican que usted o su hijo podrían necesitar ayuda profesional. En este libro, he incluido una lista de recursos que los padres pueden utilizar, así como algunas recomendaciones para obtener más ayuda profesional.

También hablaremos de los métodos de crianza positiva, que le permitirán abrir líneas de comunicación más confiables entre usted y su hijo para darles la ayuda que necesitan.

Las técnicas de crianza mencionadas en este libro no sólo le ayudarán a conectar con su hijo de una manera más abierta y positiva, sino que serán herramientas útiles para ayudar a su hijo a convertirse en el individuo completo e independiente que probablemente espera que llegue a ser.

Pero si te cuesta incluso abordar el tema de los juegos con tu hijo, teniendo que librar batallas y guerras por ese botón de apagado, te entiendo. Seguro que está cansado de las constantes peleas y los repetitivos tira y afloja que puede estar experimentando en su propia casa. En este libro, aprenderás a desescalar eficazmente e incluso a evitar esos enfrentamientos tóxicos con tu hijo y aprenderás diferentes formas de conectar con ellos a través de su afición a los juegos.

¿Qué? ¿Conectar con ellos a través del juego, aunque quieras que dejen de hacerlo? Por muy confuso que suene, tendrás que establecer una relación con tu hijo, una relación en la que quizá ni siquiera habías pensado antes. Este libro te ayudará a probar algunas perspectivas diferentes, ofreciéndote nuevas formas de entender y conectar mejor con tu hijo.

Y, una vez que haya pasado por la puerta, después de formar esa conexión, le daremos diferentes ideas sobre cómo abordar el tema de otras actividades, a la vez que le proporcionaremos una lista que le ayudará a empezar la lluvia de ideas. Todo esto puede parecer un poco abrumador, al principio. Pero con la ayuda de este libro como guía, estarás preparado para enfrentarte a cualquier jefe final o batalla de eliminación.

Es posible que no sepa cómo interactuar con su hijo en estos días, o cómo guiarlo suavemente para que abandone su insana relación con los videojuegos y se dedique a actividades más sociales.

Se han encontrado varias soluciones para apoyar eficazmente a los padres cuando se trata de estos temas.

Este libro le guiará por el camino correcto para animar a sus hijos a desprenderse de los juegos virtuales, desarrollar aficiones más sanas y mejorar las relaciones familiares sin el estrés y el caos de la fuerza bruta.

Descubra las compulsiones
para jugar videojuegos

Las cosas que activan tus impulsos se llaman "desencadenantes".

Los desencadenantes pueden ser lugares, objetos, ciertos días, incluso personas. Son específicos de un individuo.

Para afrontar adecuadamente tu adicción a los videojuegos, tendrás que aprender a identificarlos y gestionarlos. Algunos desencadenantes que son lugares o cosas, por ejemplo, los bares para los alcohólicos, pueden evitarse de forma factible y para estos desencadenantes es mejor hacerlo.

Otros desencadenantes pueden ser circunstanciales y se puede trabajar con ellos o cambiarlos de forma factible, por ejemplo, distanciarse de los amigos que disfrutan de la bebida mientras se intenta mantenerse sobrio.

Sin embargo, hay desencadenantes que no pueden evitarse o resolverse eficazmente, como el estrés laboral o la soledad y la ansiedad, por lo que tendrás que aprender a aceptarlos y estar presente en ellos.

Por eso, a partir de este momento, en tu diario se te pedirá que identifiques tus desencadenantes.

Esta será una actividad diaria que poco a poco aumentará tu conciencia de lo que te hace recurrir a los videojuegos compulsivamente en primer lugar, de modo que podrás prepararte para las estrategias más avanzadas de prevención de recaídas que se presentan en este libro.

Hagamos ahora algunos ejercicios que le ayudarán a identificar sus desencadenantes:

1. Ahora. Imagina que estás a punto de sentir la necesidad de jugar al videojuego al que eres adicto. ¿Dónde estás?

Me gustaría que imaginaras ahora que estás a punto de empezar a jugar al videojuego al que eres adicto, y quiero que respondas a cada una de estas preguntas basándote en lo que imaginas.

Refiérete a tus experiencias pasadas para tratar de responder a estas preguntas.

2. ¿Qué utilizarías para jugar al videojuego? ¿Usarías tu ordenador?

(¿Te has acordado de instalar Cold Turkey?) ¿Quizás tu smartphone o una consola? (Puedes vender tus consolas. Sólo sirven para jugar a videojuegos)

3. ¿Qué hora del día sería?

4. ¿Qué harías inmediatamente antes de empezar a jugar al videojuego al que eres adicto?

5. ¿Qué emociones experimentas habitualmente antes de jugar al videojuego al que eres adicto?

6. ¿Qué es lo que suele ocurrir antes de que utilices los videojuegos de forma compulsiva? ¿Qué es lo que normalmente te desencadena?

7. ¿De qué manera te estás poniendo en riesgo de recaer? ¿Por ejemplo, navega por Internet innecesariamente? ¿Lees páginas web sobre videojuegos?

8. Puede ser que formes parte de una subcultura que refuerza el uso de los videojuegos, como la subcultura furry o una de las comunidades de videojuegos populares. Si es así, actúan como desencadenantes para ti. Son facilitadores. ¿Hay alguna forma de limitar tu participación en estas subculturas? Si es así, ¿cómo?

9. Muchas personas recurren a las adicciones para hacer frente al estrés, a las emociones negativas y a las situaciones estresantes. Cuando piensas en tu futuro, ¿cómo podrían los sentimientos o situaciones difíciles hacerte recaer en los videojuegos? ¿Qué sentimientos o situaciones difíciles serían?

10. Los videojuegos suelen formar parte de nuestra rutina diaria. Yo, por ejemplo, solía jugar a los videojuegos a las 8 de la mañana y no paraba hasta que me iba a dormir.

En tu rutina diaria,¿cuándo eres más vulnerable a las recaídas? ¿Sería posible apagar el ordenador y hacer algo fuera durante ese tiempo?

11. ¿Cómo es posible que corras esos riesgos innecesarios? ¿Tal vez sigas leyendo sitios como blogs de teorías sin fundamento sobre la trama de los videojuegos? ¿Todavía conservas tu colección de videojuegos? Contempla esto durante un rato y escríbelo en tu respuesta.

Muchos adictos sienten la necesidad de "probar" su recuperación poniéndose en situaciones que antes les provocaban. Esto casi siempre conduce a una recaída.

12. Muchas recaídas son provocadas por el estrés. Quiero que nombres algunas situaciones estresantes y emociones negativas que podrían desencadenar una recaída. Aprenderás a manejar mejor tus emociones e impulsos en futuras lecciones. Así que permanece atento. Ahora mismo estamos siendo más conscientes.

13. Cuando experimentas impulsos o antojos de actuar de forma adictiva, ¿cómo se siente tu cuerpo?

14. ¿Qué sentimientos le harán correr un mayor riesgo de recaída?

Estas son algunas de las emociones de las que muchas

personas escapan mediante el uso compulsivo de videojuegos:

- La ira
- Ansiedad
- Aburrimiento
- Tristeza
- Fatiga
- Miedo
- La soledad
- Autocompasión
- La vergüenza

En psicología, tratar de escapar de estas emociones a través de videojuegos u otros medios se llama Evitación Experiencial. Muchas veces simplemente no podemos evitar sentir estas emociones, y es por eso que en futuras lecciones te enseñaremos una estrategia alternativa que se ha descubierto que es mucho más beneficiosa y efectiva.

Los que no crecimos con la última tecnología o crecimos antes de los nuevos desarrollos de los juegos quizá no entendamos por qué nuestros hijos querrían pasar su tiempo libre perdidos en un mundo virtual. Las generaciones más jóvenes parecen estar cambiando sus zapatillas de tenis manchadas de barro por personajes bidimensionales. Se acabó el jugar al cuatro en raya y los paseos nocturnos en bicicleta con los amigos por el barrio. Y probablemente te preguntes por qué.

· · ·

¿Por qué los niños se fijan en mundos inventados, algunos con argumentos aparentemente sin trama, en lugar de vivir su vida fuera de la pantalla? ¿Por qué no muestran la misma ambición fuera de la pantalla que cuando luchan contra dragones y ejércitos rivales?

Esta necesidad de encontrar una vida fuera del mundo real no es un concepto nuevo, aunque su ejecución ha cambiado con los tiempos. Para entender en primer lugar por qué los niños pueden encontrar consuelo en los videojuegos, debemos fijarnos en los motivadores que ofrece el juego.

Escapismo

Como he dicho antes, hay múltiples razones por las que un niño puede elegir escaparse a un nuevo mundo inventado y visual a través de una pantalla. Algunas podrían ser más preocupantes que otras, sugiriendo cuestiones más complicadas que deberían ser desenredadas con tacto y paciencia.

Pero en conjunto, la respuesta podría reducirse a una palabra: escapismo.

· · ·

Probablemente haya escuchado el término, pero si no lo ha hecho, el escapismo, según la Asociación Americana de Psicología, se define como la tendencia a escapar del mundo real para deleitarse o sentirse seguro en un mundo de fantasía. El escapismo se considera como una forma de evitar lo que es "real": amigos reales, contactos reales y el mundo real. Básicamente, todo aquello a lo que probablemente quieras que tu hijo o hijos presten atención, ¿verdad? Pero no es tan sencillo.

Los juegos se consideran ejemplos de escapismo porque facilitan una inmersión tan completa que se pierde por completo la noción del tiempo o se ignoran las tareas importantes que deberían realizarse.

Piensa en la última vez que hiciste algo que realmente te gustaba. Tal vez viste una buena película y, en un abrir y cerrar de ojos, esas dos horas se han esfumado. O sé sincero, ¿cuánto tiempo has tardado en terminar esos episodios de Netflix? No mientas. Como ves, todos podemos identificarnos con esta necesidad de evasión. Nosotros también la experimentamos, aunque nuestro vicio preferido no incluya píxeles y mandos.

Los juegos de hoy en día están diseñados específicamente para ser atractivos, ya sea para estimular la mente o simplemente para desestimularla. Además, a medida que los gráficos mejoran y la jugabilidad es más sofisticada, más se puede profundizar en esos agujeros de conejo.

En 30 años hemos pasado de Super Mario, que básicamente solo podía moverse en dos direcciones, a Fortnite, donde los jugadores son capaces de rodar por casi cualquier lugar del mapa. No solo eso, sino que es bastante fácil entender por qué alguien querría escapar de nuestro difícil y complicado mundo y caer en un entorno de juego vívido y convincente.

En comparación con estos mundos mágicos y llenos de acción, algunos niños pueden no sentirse suficientemente estimulados, ya sea en su vida cotidiana o en la escuela. Su necesidad de jugar puede deberse a la necesidad de ese clásico desafío, así como de poner en marcha ese viejo cerebro. Puede que tu hijo ya esté superando lo que se le exige en un entorno institucional o que tenga dificultades y necesite un espacio de tranquilidad para tomarse un respiro. Pero no te preocupes, ya sea por una razón válida o por ninguna, incluso los juegos no educativos pueden proporcionar la estimulación necesaria para desafiar a los niños. Aunque a la mayoría de nosotros nos parezca un juego sin sentido, para perder el tiempo.

Por ejemplo, ¿sabías que algunos de estos juegos pueden utilizarse incluso en el aula? Minecraft, el popular juego en línea en el que los jugadores crean y rompen diversos tipos de bloques en mundos 3D, tiene en realidad una edición educativa específica para que los profesores la utilicen en sus clases. Se ha convertido en una excelente herramienta para involucrar a los alumnos en el aprendizaje, la colaboración y el pensamiento crítico. Minecraft es uno de los juegos más populares del momento. ¿Quién iba a imaginar que podría utilizarse en un entorno de aprendizaje?

Quizá hayas oído hablar de juegos como The Last of Us, Final Fantasy o Call of Duty, o hayas visto a tu hijo jugar a ellos. Puede parecer que no tienen ningún potencial educativo, pero no se deje engañar.

Call of Duty, un juego ambientado en la Segunda Guerra Mundial en el que los jugadores luchan contra oponentes humanos, no sólo ofrece a los niños y adolescentes formas de colaborar con otros, aprendiendo habilidades sociales, sino que también exige al jugador que analice y ejecute críticamente planes y campañas.

Por otro lado, los niños que se enfrentan a una sobrecarga sensorial en su vida diaria pueden recurrir a los videojuegos para escapar de la constante incitación. Caer en un patrón regular con vistas y sonidos familiares puede ser relajante para un niño, y una forma de desestresarse de sus rutinas diarias más activas y, quizás, inestables. Los juegos más sencillos, como Animal Crossing, o los más nostálgicos, como Pokémon, pueden hacer que tu hijo se sienta más relajado mientras juega. Están acostumbrados a estos juegos y a sus repetidos retos y a sus reconocibles esquemas de colores y sonidos. Es algo que conocen de memoria. Los reflejos memorizados pueden entrar en acción, permitiendo que la mente descanse, aunque sólo sea un poco. Las generaciones más antiguas pueden no entender esta necesidad de eliminar estímulos. Pero este mundo en constante cambio puede resultar a veces abrumador, especialmente para los niños en desarrollo.

Pero, ¿es bueno escaparse a mundos de fantasía? ¿Y las relaciones sociales? ¿Las interacciones cara a cara?

¿Conectar con los demás?

Cuando los adultos se imaginan el juego, suelen verlo como una actividad aislante, aislada del mundo, al estilo del escapismo. Sin embargo, un estudio descubrió que los niños que estudiaron eran intensamente sociales. Para las nuevas generaciones, los videojuegos son una forma de pasar el tiempo con los amigos. Los videojuegos también se han convertido en temas de conversación que proporcionan a los niños la conexión que buscan.

· · ·

Los científicos también evaluaron las diferentes razones para jugar a los videojuegos. Mientras que la mayoría de los niños encuestados por su equipo concluyeron que jugar a los videojuegos era simplemente divertido y emocionante, muchos otros añadieron que disfrutaban de los retos mentales, la competición y la sensación de relajación cuando jugaban. Además, los estudiantes encuestados también mencionaron cómo los videojuegos les ayudaban a gestionar sus problemas, estados de ánimo y agresividad, les ayudaban a sentirse menos solos y a hacer nuevos amigos. No mencionaron a qué juegos hacían jugar a sus sujetos, pero me gusta pensar que sería algo desafiante y visualmente agradable como Skyrim o Final Fantasy.

Jugar a los videojuegos también proporciona una salida emocional y física a las personas traumatizadas. Les permite disociarse de su estado psicológico.

Investigaciones anteriores han demostrado que las personas con un historial de negligencia emocional o maltrato podrían desarrollar diferentes trastornos de la personalidad que se correlacionan con el trastorno por juego en Internet, o TGI. Los jugadores que tienen un historial de abandono emocional suelen tener niveles más altos de síntomas depresivos, que son un factor vital en el IGD. Por lo tanto, es bastante seguro decir que la adicción a los juegos se considera un mecanismo de afrontamiento inadaptado para los niños e incluso los adultos que se enfrentan a trastornos emocionales.

. . .

Conocer a nuevos amigos

Internet, junto con los videojuegos en línea, ha dado a los individuos la capacidad única de conectar con jugadores a nivel internacional, como en juegos como Halo o World of Warcraft. No es raro que los jugadores establezcan fuertes relaciones con quienes conocen tanto en las comunidades de jugadores como dentro de sus juegos. World of Warcraft y otros juegos multijugador en línea tienen diferentes reinos vinculados a diferentes países del mundo real. Estos reinos pueden ser nacionales o internacionales. Por ejemplo, un jugador podría decidir que quiere jugar con otros de su país, por lo que entraría en ese mundo. Pero otro día podría querer conocer a nuevos compañeros de clan de otro país al otro lado del mundo. Así que se van a otro mundo. Y World of Warcraft no sólo tiene diez o veinte mundos, ¡tiene cientos de ellos!

Los videojuegos han sido diseñados para crear formas divertidas y atractivas de conectar a personas de todo el mundo; pueden actuar como una herramienta vital para enseñar a los niños y adolescentes habilidades sociales, como la cooperación y el apoyo a los demás. Tienen la posibilidad de formar alianzas, equipos o, en el caso de los juegos de rol (RPG), gremios. Los juegos de disparos por equipos, como Overwatch, Call of Duty y Counter Strike, permiten a los jugadores formar equipos para cada campaña. Muchos han añadido amigos en sus PlayStations o Xbox, lo que les permite jugar constantemente con sus amigos invitándolos a sus equipos cada vez. Los juegos de rol multijugador masivos en línea (MMORPG), como Black Desert o Elder Scrolls Online, son bastante exigentes en cuanto a la creación de clanes o gremios para progresar en los desafíos.

Este tipo de juegos permite a los individuos compartir experiencias juntos, trabajar juntos, e incluso asumir posiciones de liderazgo, lo que requiere fuertes habilidades de redes sociales y trabajo en equipo.

El aspecto social de los jugadores se ha explorado en múltiples estudios desde su desarrollo, informando sobre las experiencias sociales únicas que proporcionan los juegos.

Estas mismas experiencias sociales -conocer a gente nueva fuera del entorno habitual-se han considerado un factor que contribuye a la adicción a los juegos y que motiva el juego. Los investigadores incluso han sugerido que el aspecto social de los juegos es un aspecto importante de la motivación para jugar. Los juegos multijugador podrían crear espacios seguros para que los niños aprendan e interactúen con un comportamiento social aceptable. Hemos mencionado Call of Duty y World of Warcraft, ¿y por qué no lo haríamos?

.   .   .

Estos dos juegos han conseguido crear algunas de las mayores comunidades online. Las relaciones que los jugadores han creado a través de estos juegos han atravesado miles de kilómetros y varias zonas horarias diferentes, lo que les ha animado a seguir jugando a los juegos aunque hayan sido lanzados hace años.

La mayoría de los encuestados por los científicos afirmaron que la competencia entre jugadores era una de sus principales razones para jugar. Las estadísticas se obtuvieron de 1.254 estudiantes de 7º y 8º curso, de los cuales el 98% tenía entre doce y catorce años, de escuelas públicas de Estados Unidos. Los niños respondieron mediante una escala de 4 puntos, desde muy en desacuerdo hasta muy de acuerdo, sobre las posibles motivaciones para jugar.

Para ambos sexos, "sólo es divertido" ocupó el primer lugar, ya que algo más del 60% de las mujeres afirmaron que esa era su principal razón para jugar, y casi el 80% de los hombres.

A pesar de ello, la competición fue una de las principales razones por las que era "simplemente divertido" jugar. Más del 50% de los hombres respondieron que disfrutaban compitiendo y ganando cuando jugaban, mientras que esta razón sólo representaba el 20% de las jugadoras.

Esta rivalidad amistosa en línea contribuye a las recompensas sociales que proporcionan los juegos. Ofrece a los niños un tema de discusión: cómo les va en el juego y cómo se ayudan o ganan unos a otros. Aunque hacer amigos no formaba parte de las principales motivaciones para jugar en las encuestas, sí que ocupaba un lugar destacado en el caso de los 78 niños encuestados que estaban clasificados como discapacitados de aprendizaje leve. Los niños de este grupo eran más propensos a ser víctimas de acoso escolar y a informar de que eran excluidos por sus compañeros; por lo tanto, es posible que valoren más la conexión con sus compañeros a través de los videojuegos. Básicamente, cuando los niños no pueden encontrar consuelo en la compañía de sus compañeros en la vida real, muchos recurren a los amigos virtuales para llenar esa pieza que les falta.

Aislamiento

A medida que el mundo se expande para los jóvenes de hoy, las personas de todo el mundo son capaces de encontrar comunidades incluso en los lugares más aislados.

. . .

Los niños que no viven en zonas donde pueden hacer amigos fácilmente pueden desarrollar sus habilidades sociales en línea.

Los hallazgos publicados en 2017 descubrieron que los juegos multijugador establecían un mayor sentido de identidad social. Esta identidad social permite a las personas afiliarse a grupos a los que normalmente no tendrían acceso.

Es decir, ¿con qué frecuencia puedes hablar con alguien de Japón, Egipto y Francia al mismo tiempo? Esta identidad social suele corresponder a una mayor autoestima y a una competencia social positiva, además de eliminar el sentimiento de soledad.

Antes, los niños que vivían en zonas residenciales que no ofrecían compañeros de juego adecuados solían estar abandonados a su suerte. Ahora, siempre que uno pueda conectarse a la Wi-Fi o a los datos de Internet, siempre tendrá acceso a una plétora de comunidades en línea. Y no te engañes. Las amistades que se forman en línea a través de los videojuegos son tan sólidas y satisfactorias como cualquier conexión en el mundo real. Para aquellos que no pueden conocer nuevos amigos por su cuenta en sus comunidades, el mundo online les permite ampliar su círculo.

. . .

Les permite formar las conexiones que necesitan para completar el capital social que no recibirían de otro modo.

Introversión y Neuroticismo

Además de los factores de motivación para jugar, los jugadores pueden utilizar los videojuegos como una forma de recrearse a sí mismos, especialmente si son propensos a la timidez o la introversión en el mundo real. Por ejemplo, las personas introvertidas pueden utilizar los mundos virtuales como una forma de esconderse detrás de un personaje al que respetan o admiran mucho. ¿Quién no querría crear la versión definitiva de sí mismo para vivir una vida llena de acción y logros en línea?

Juegos como Skyrim permiten a los jugadores crear su propio personaje. Pueden elegir diferentes razas, algunas reales pero sobre todo de fantasía, como los elfos, o un humanoide único con aspecto de gato llamado Khajit. Los jugadores pueden personalizar el color del pelo, de los ojos y de la piel, la complexión de su cuerpo e incluso hacer cambios agudos en el tamaño de la nariz, los ojos y los labios. Otros juegos, como Los Sims, permiten a los jugadores llevar estas personalizaciones aún más lejos.

Hay toda una comunidad en línea dedicada a compartir "mods", es decir, una codificación única dentro del juego para permitir a los jugadores una mayor personalización de sus personajes.

Pueden crear su propia ropa, estilo, rasgos únicos, tatuajes y mucho más. Algunos codifican sus Sims para que sean exactamente iguales a los del mundo real, mientras que otros crean personajes completamente nuevos, creando la vida que desearían tener dentro del juego.

Esta nueva forma de entretenimiento permite a las personas ocultar o cambiar completamente su identidad, evitando la posibilidad de enfrentarse al ridículo o al rechazo de sus compañeros.

También les permite entablar relaciones sociales sin el estrés y la ansiedad de la interacción cara a cara. Ya no hay que preocuparse por llevar la ropa equivocada o por ser juzgado por no haber dado con esa frase ingeniosa en un abrir y cerrar de ojos.

Para muchos niños que se consideran introvertidos, el juego es un escape de sí mismos y una forma de recrear la vida que desearían tener. Sin embargo, este interés por la recreación podría conducir a un problema más grave. En un estudio, la adicción a Internet se relacionó positivamente con el neuroticismo; las experiencias de emociones negativas, la ansiedad, los sentimientos de cohibición o timidez y la escasa estabilidad emocional.

Hacer amigos o interactuar con personas más allá de la pantalla puede ser estresante para muchos adolescentes hoy en día. La invención de Internet ha abierto el mundo no sólo a los que se encuentran en lugares aislados, sino también a los que tienen problemas de socialización en general. Las personas que luchan contra la ansiedad y otros comportamientos neuróticos pueden encontrar paz y tranquilidad en sus videojuegos, y (normalmente) zonas libres de juicios en estas comunidades. Para ellos, es una forma de sobrellevar el estrés del mundo exterior.

Mecanismos de afrontamiento

Y, hablando de afrontar, hablemos de los mecanismos de afrontamiento. Hoy en día, no es fácil ser un niño. No era fácil cuando éramos niños. Con la expansión del mundo virtual, el mundo online se ha hecho mucho más grande para que las nuevas generaciones lo aprovechen. Pero un gran poder conlleva una gran responsabilidad, ¿no? Aunque las redes sociales y los juegos han abierto nuevas puertas, también han dado paso a comportamientos positivos y negativos, como la formación de nuevas amistades y el aprendizaje de nuevas habilidades sociales y, por otro lado, el acoso, los comportamientos cada vez más volátiles, la depresión y la ansiedad. Pero incluso así, el mundo de Internet y de los juegos en línea es tan amplio que permite fácilmente a los individuos escapar de los aspectos negativos que normalmente no podrían en el mundo real. Sin embargo, las experiencias negativas también se cuelan.

Decirle a alguien que "desconecte" es mucho más fácil de decir que de hacer. Mientras que en el pasado habría sido más fácil desenchufar ese trozo de plástico de cinco kilos de la pared cuando las cosas se ponían un poco feas en línea, hoy en día el mundo online se ha integrado completamente en nuestra vida diaria. Lo usamos para el correo electrónico, para hacer videollamadas a amigos de la familia o colegas, para la escuela, los mapas, los despertadores, los libros y todo lo que se te ocurra. Ya no hay "desconexión".

Los signos de que su hijo ha entrado en contacto con algunos de estos aspectos negativos suelen ser bastante claros. El niño se concentra más en el juego, ignorando sus necesidades diarias, como comer, ducharse o dormir. Su estado de ánimo puede cambiar en un abrir y cerrar de ojos, pasando de subidas que te hacen pensar que no pasa nada a bajadas que te hacen querer gritar.

Pero créeme cuando te digo esto: si te sientes como si estuvieras listo para tirarte de los pelos, tus hijos podrían estar a punto de hacerlo también.

. . .

Puede que estos comportamientos no provengan sólo de los propios juegos, sino de las comunidades tóxicas. ¿Y qué ocurre cuando tu mecanismo de afrontamiento, lo que se suponía que te haría sentir mejor, ya no lo hace?

Te comportas. Este comportamiento preocupante podría ser perfectamente una respuesta a algo de lo que el niño no puede escapar, ya sea en línea o fuera de ella. Nuestro trabajo como padres es tratar de entender por qué se sienten así, en lugar de culparlos inadvertidamente.

Gestión del estado de ánimo

Aunque el estado de ánimo y los sentimientos son términos que a menudo se utilizan indistintamente, no son lo mismo.

Los sentimientos suelen ser una reacción inmediata a una experiencia. Los estados de ánimo duran largos periodos de tiempo. Las personas intentan mantener sus estados de ánimo más positivos -los que les hacen sentir bien-mientras intentan acabar con los estados negativos. Por desgracia, no siempre funciona como se supone.

. . .

Una de las formas más eficaces y efectivas de acabar con los estados de ánimo negativos es el consumo de entretenimiento mediático, como películas, programas de televisión o -adivinó- videojuegos. Esta teoría de la gestión del estado de ánimo se acerca bastante a nuestra definición de escapismo; una se centra en la alteración del estado de ánimo mediante la exposición selectiva a los medios de comunicación, y la otra es la evitación de la vida real en general.

Hay mecanismos de evasión sanos y no sanos, y la gestión del estado de ánimo es un ejemplo del primero, siempre que no se convierta en una adicción al juego.

Las investigaciones sobre videojuegos demuestran que tanto los juegos no violentos como los violentos ayudan a reducir la ira y tienen efectos más positivos sobre el estado de ánimo. Los juegos no violentos, como Los Sims Online, y (quizá hayas oído hablar de éste alguna vez) Club Penguin, permiten a los jugadores superar retos con gráficos y música visualmente relajantes o simplemente pasar el rato con los amigos. Pero incluso los juegos más violentos -los que te pueden preocupar-, como Dark Souls, Diablo, Borderlands o Monster Hunter, pueden ser sorprendentemente positivos.

. . .

Ofrecen la posibilidad de liberar los estados de ánimo negativos y la agresividad en un entorno no dañino. Escapar a los mundos virtuales no conduce necesariamente a un comportamiento de juego problemático o a la adicción, aunque ciertamente hay algunos problemas que podrían desarrollarse si no se manejan de forma correcta y responsable. Pueden utilizarse como una forma de influir positivamente en los estados de ánimo y como un mecanismo de afrontamiento positivo.

¿Debo preocuparme?

Las razones enumeradas anteriormente sobre por qué un niño puede preferir los videojuegos a su vida real no son una causa grave de preocupación. Este sentimiento de necesidad de evasión, aunque sea por un rato, es bastante común, sobre todo teniendo en cuenta los factores extenuantes a los que pueden enfrentarse los niños. Aunque este sentimiento no es algo nuevo ni está relacionado únicamente con este siglo, los individuos han tenido más opciones de formas menos problemáticas de escapar de sus vidas normales.

¿Pero qué pasa cuando se convierte en un problema?

. . .

¿Cuáles son algunas de las señales que indican que esta afición por los juegos puede ser un indicio de problemas más graves? ¿Ha notado que su hijo se vuelve cada vez más agresivo? ¿Ha mostrado signos de hostilidad hacia sus juegos, o incluso hacia usted? Si ha tenido que enfrentarse a arrebatos violentos, o incluso a comportamientos antisociales graves como evitar el tiempo en familia, negarse a hablar o permanecer en su habitación de juego durante largos periodos de tiempo, puedo entender su preocupación. La adicción podría ser un indicador de problemas de salud mental más graves, como la dificultad para controlar los estados de ánimo, los sentimientos de baja autoestima y abandono, la ansiedad grave e incluso la depresión.

Hablaremos de los signos obvios y no tan obvios de que su hijo puede estar convirtiendo su afición en una adicción, y de las formas en que puede ayudarle a adoptar mecanismos de afrontamiento más saludables. Una vez hecho esto, sabrá qué hacer la próxima vez que su hijo tenga un ataque exagerado por su juego o empiece a ser más solitario que un ermitaño. Le proporcionaremos formas positivas y alentadoras para ayudar a guiar a su hijo lejos de la pantalla y hacia el mundo real. Más adelante en este libro, encontrará nuevas formas de conectar y relacionarse con su hijo, y de comprender mejor su forma de pensar.

2

Videojuegos y salud mental

Aunque se han realizado estudios que relacionan los videojuegos con habilidades sociales y de desarrollo más positivas, existe una delgada línea entre depender de los juegos como una forma de enfrentarse al mundo real y convertirlo en una adicción. Hemos hablado de por qué los niños y adolescentes pueden recurrir a los videojuegos para adquirir las habilidades necesarias y un sentido de la amistad que quizá no tengan en su vida cotidiana, pero ¿qué pasa con los problemas más graves? ¿De dónde viene esa rabia y hostilidad? ¿Y los cambios de humor o el comportamiento volátil?

Según la Organización Mundial de la Salud, los trastornos causados por el juego podrían estar relacionados con el aumento de los niveles de ansiedad, depresión, obesidad, trastornos del sueño, estrés y otros problemas de salud.

. . .

Los jugadores serios que no tienen un equilibrio saludable de tiempo frente a la pantalla podrían ser susceptibles de sufrir migrañas, fatiga, síndrome del túnel carpiano debido al uso excesivo del ratón o del mando, e incluso una mala higiene personal, todo lo cual podría contribuir al comportamiento incontrolable que probablemente ha experimentado hasta ahora su hijo. Esta fijación por los mundos inventados podría afectar seriamente a su capacidad para enfrentarse a los problemas de la vida real, utilizándola como excusa para descuidar las tareas o necesidades diarias y, por tanto, continuando un ciclo interminable de problemas de salud mental.

Baja autoestima

Todos estamos bastante familiarizados con este término. No es ajeno a nuestro vocabulario moderno. La autoestima se define como los sentimientos positivos o negativos sobre uno mismo, basados en un proceso afectivo. Brown demostró en su investigación que era más probable que los estudiantes masculinos de secundaria se caracterizaran por una menor autoestima cuando pasaban más tiempo jugando que los que pasaban menos tiempo jugando a los videojuegos. Sin embargo, estos resultados no se confirmaron en un grupo de jugadoras en otro estudio. Pero en el caso del uso problemático de Internet, los científicos descubrieron que la autoestima estaba relacionada con la depresión y la ansiedad tanto en el grupo de mujeres como en el de hombres.

Estos resultados podrían concluir que la correlación entre la autoestima y los videojuegos podría ser específica del género o estar mediada por otros factores completamente. Ya establecimos la necesidad de evasión en el capítulo anterior, así como señalamos los factores de soledad y alivio del estrés.

¿Podrían los videojuegos proporcionar también una sensación de logro que ayude a aumentar la autoestima de los jugadores?

Las investigaciones han demostrado que las jugadoras se sienten menos seguras de su capacidad en el juego que los jugadores, que se sienten más capacitados para completar las tareas. Para los hombres, ser capaces de completar las misiones y tareas de un juego puede darles una sensación de logro. En la serie The Witcher, no sólo hay misiones específicas relacionadas con la historia del juego, sino que también hay unas cien misiones secundarias diferentes, como carreras de caballos, mazmorras que explorar, cacerías que completar y tesoros ocultos que encontrar. De este modo, el jugador puede aumentar su propia visión de sí mismo y mejorar instantáneamente su autoestima. Las mujeres tienden a buscar en los juegos factores diferentes a los de los hombres, y algunos de ellos no siempre se incluyen en los diseños de los juegos -que se han orientado predominantemente a los hombres-, lo que hace que las mujeres sientan que sus capacidades son limitadas en lo que respecta a los juegos.

Tal vez se haya dado cuenta de lo absorbentes que pueden ser estos juegos, incluso sin jugar usted mismo. Tal vez haya visto a su hijo perder la noción del tiempo, olvidándose de cenar o incluso de dormir. Probablemente se haya preguntado cómo su hijo puede olvidarse simplemente de que hay un mundo entero fuera de esa pantalla.

Los videojuegos ofrecen retos y tareas complejas a los jugadores. Ésta es una de las muchas razones por las que los videojuegos son tan adictivos. Estas misiones son tan absorbentes que el jugador puede perder la noción del tiempo o desarrollar la necesidad de completar las tareas hasta el final. Proporcionan un reto, como hemos mencionado en el capítulo anterior, y estos retos (cuando se completan) proporcionan una sensación de logro. Permite al jugador sentir que está logrando cosas en el mundo real, no sólo en la pantalla.

Si bien los videojuegos podrían, en consecuencia, elevar la autoestima de los jugadores, también podrían ser un factor que la disminuya. Sin embargo, esta sensación de logro y aptitud podría muy bien influir en la necesidad de escapar al mundo del juego una y otra vez.

Sentimientos de abandono

Hemos hablado de una buena cantidad de razones por las que los niños se aferran a las realidades virtuales, pero la negligencia emocional podría ser un indicador más serio de que su hijo tiene una adicción malsana a los videojuegos.

Este tipo de sentimiento podría desarrollarse si las necesidades de afecto de un niño son constantemente desatendidas, ignoradas, invalidadas o no apreciadas por la familia o por una persona importante. Esto no quiere decir que estos sentimientos surjan únicamente de una mala crianza, así que no te preocupes, el problema no siempre es el padre. La enfermedad, la muerte, el divorcio, la pérdida de trabajo o cualquier otra cosa que impida la capacidad de un padre para responder a las necesidades emocionales durante un tiempo puede provocar sentimientos de abandono emocional. Incluso el hecho de que un padre simplemente trate las emociones de su hijo como inválidas o no las tome tan en serio como el niño cree que debe tomarse puede ser un factor.

. . .

La mayoría de las personas que experimentan el trauma persistente de la negligencia emocional podrían experimentar culpa y vergüenza, o incluso culparse a sí mismas por sus sentimientos y necesidades. Podrían tener problemas con las relaciones sociales, desarrollar síntomas depresivos y un aumento de los comportamientos de riesgo, o desarrollar sentimientos de baja autoestima.

Los niños que han sufrido abandono emocional podrían sentir este tipo de emociones con regularidad. Podríamos suponer, incluso sin mirar la investigación, por qué los niños podrían empezar a depender de los videojuegos para satisfacer las áreas en las que carecen de apoyo emocional. Ya hemos hablado de cómo los niños utilizan los videojuegos para conocer gente nueva y para ayudar a aliviar sus sentimientos de soledad; utilizar los juegos para hacer frente a la negligencia emocional no es muy diferente.

Ansiedad y depresión graves

Si bien hemos hablado de cómo los videojuegos pueden ser un mecanismo de afrontamiento positivo para cuestiones relacionadas con la soledad, la gestión del estado de ánimo e incluso la negligencia emocional, podrían ser un indicador de trastornos de salud mental más graves.

· · ·

El videojuego es un comportamiento sedentario, es decir, carece de actividad física. Se han realizado múltiples estudios longitudinales y transversales que han examinado la relación entre el tiempo frente a la pantalla y la salud psicosocial. Reflejan lo que se ha visto en los estudios que observan la relación entre el tiempo frente a la pantalla y los indicadores de salud física; más tiempo frente a la pantalla se correlaciona con peores resultados.

Estos estudios también han encontrado correlaciones positivas entre el tiempo frente a la pantalla y los problemas de sueño, el dolor musculoesquelético, la hiperactividad y los problemas de interiorización, que podrían conducir a la ansiedad y la depresión entre los jóvenes.

La ansiedad es el trastorno mental más frecuente entre los niños y adolescentes. Si ha notado que su hijo empieza a estar más inquieto o tenso de lo habitual, se siente débil o cansado, o tiene problemas de concentración, podría tratarse de un trastorno de ansiedad. Si nota que su hijo está más irritable o que tiene problemas para dormir, como dificultad para conciliar el sueño o para mantenerse dormido, puede ser una señal de alarma.

Tal vez haya notado que su hijo empieza a perder interés por las actividades cotidianas, que gana o pierde una cantidad significativa de peso en poco tiempo, que se enfada o agita con facilidad, que empieza a tener comportamientos imprudentes o que experimenta un aumento de los dolores físicos, como dolores de cabeza, musculares o de estómago. Todos ellos pueden ser indicadores de depresión.

Probablemente se pregunte si los videojuegos son la causa de estos problemas de salud. ¿Son el único factor?

Un estudio canadiense investigó la relación entre el tiempo de pantalla y la ansiedad y la depresión durante la adolescencia. Se descubrió que los niveles más altos de ansiedad y depresión estaban asociados a una mayor cantidad de tiempo frente a la pantalla. Otros estudios han demostrado que jugar a los videojuegos podría ser responsable de síntomas más graves. Aunque los videojuegos podrían utilizarse para ayudar a tratar los trastornos mentales, también podrían ser la causa de los mismos. Cuando el juego se convierte en una adicción, a menudo se descuidan las necesidades diarias. Esto podría conducir a sentimientos de baja autoestima debido a la escasa higiene personal, a la incapacidad de desarrollar habilidades sociales positivas, y a no tener tiempo para dormir, y mucho menos para lograr algo en el mundo real. Todos estos factores influirían entonces en la ansiedad y la depresión.

· · ·

Los niños pueden sentir que, por tener carencias en estas áreas, no están "ganando" en la vida.

Que, tal vez, sientan que se están quedando atrás. En lugar de aprender a manejar estos pensamientos y emociones de forma saludable, los aumentan volviendo a su estado disociativo en el mundo de los videojuegos. Aquellos que están atrapados en un ciclo repetitivo como éste, definitivamente experimentarán mayores niveles iniciales tanto de ansiedad como de depresión.

¿Cómo puedo ayudar?

Ocuparse de la salud mental de un niño y de una adicción en general es siempre un reto. Ahora que entendemos los factores que pueden llevar a una persona a depender del mundo inventado de los videojuegos, podemos empezar a empatizar con ellos porque queremos conectar con ellos.

Las razones enumeradas anteriormente no lo abarcan todo y muchas veces estos problemas podrían pasar desapercibidos. Los padres deben evitar suponer automáticamente que el interés de su hijo por los juegos es problemático. Algunas preguntas que podrían hacerse, para cuidarse a sí mismos o para cuidar a otros, son:

· ¿Estoy yo o mi hijo sano y duermo lo suficiente?

· ¿Tenemos yo o mi hijo algún tipo de problema social con los amigos y la familia?

· ¿Soy yo o mi hijo capaz de concentrarme en lo académico?

· ¿Estoy yo o mi hijo suficientemente comprometido con la escuela?

· ¿Practico yo o mi hijo otros intereses o aficiones fuera de los videojuegos?

Hacer estas preguntas permite a los padres estar al tanto de lo que ocurre en la vida de sus hijos, así como de su propio estado de salud.

Los padres y cuidadores pueden abordar el uso excesivo de los videojuegos dando los pequeños pasos necesarios para lograr ese equilibrio en el hogar. Independientemente de las respuestas a estas preguntas, los padres deben vigilar a cualquier niño que empiece a descuidar las relaciones con el mundo real, las tareas escolares, la higiene personal o el ejercicio.

Es increíblemente importante que los padres no se centren únicamente en el individuo que muestra este tipo de comportamiento ni traten de desconectarlo de golpe. Esto sólo podría causar más estrés e incluso resentimiento por parte del niño, y sólo complicaría las relaciones dentro del hogar, algo que queremos evitar. En los próximos capítulos, le mostraremos cómo destetar a su hijo de la cantidad normal de tiempo frente a la pantalla de una manera saludable y más productiva, mientras que al mismo tiempo le ayuda a formar una conexión más fuerte como una familia.

Más sobre los trastornos del estado de ánimo

Es totalmente normal que los niños y los adolescentes se sientan tristes, disgustados, irritados o de mal humor, pero cuando esos sentimientos y pensamientos negativos se prolongan, pueden llevar a que el niño sea incapaz de funcionar con normalidad, que es lo que definitivamente queremos evitar o, si ya está ocurriendo, ayudar.

Entonces, ¿cómo puede saber cuándo es sólo su hijo el que está pasando por una mala racha y cuándo debe tomarse en serio el comportamiento de su hijo? Puede ser difícil averiguar la gravedad del comportamiento de su hijo o si es un indicador de otros problemas de salud mental.

La depresión es un tipo de trastorno del estado de ánimo en el que el signo principal es la tristeza y el sentirse desanimado o irritable durante semanas, meses o más. El pensamiento negativo también es un indicador bastante común. Este tipo de pensamiento incluye la hiperfijación en los problemas o defectos, ser crítico y autocrítico, así como quejarse mucho. La depresión puede interferir con los niveles de energía de las personas, su concentración, los horarios de sueño e incluso el apetito.

Cuando los niños tienen depresión, a veces les resulta difícil esforzarse, incluso si se trata de hacer algo que realmente les gustaba, cómo socializar con sus amigos o incluso salir. Este trastorno de salud mental puede hacer que su hijo se sienta inútil, rechazado o poco querido y puede hacer que los problemas cotidianos parezcan más difíciles y molestos de lo que realmente son.

La depresión y otros trastornos del estado de ánimo, como la ansiedad, pueden mejorar con la atención y los cuidados adecuados, pero también pueden empeorar si no se tratan.

Si crees que tu hijo está luchando contra un trastorno del estado de ánimo o tiene problemas para regularlo, hay muchas formas diferentes de ayudarle.

En primer lugar, intente hablar con su hijo sobre la depresión y sus sentimientos. A veces, los niños pueden negar o ignorar lo que sienten, sin darse cuenta de que están deprimidos. Los niños mayores pueden evitar buscar ayuda porque el miedo a ser condenados al ostracismo por sus compañeros les frena. Aun así, intenta hablar con ellos de todos modos. Escúchales, ofréceles tu apoyo en todo lo que puedas y demuéstrales tu cariño. Con el tiempo, tal vez puedas conectar con ellos lo suficiente como para convencerles de que busquen la ayuda que necesitan.

Otra táctica que puede probar es programar una visita al pediatra de su hijo o ponerse en contacto con un especialista en salud mental. El médico de su hijo probablemente realizará un examen físico que le permitirá comprobar si su hijo padece otras afecciones que podrían causar síntomas similares a los de la depresión. Si el médico o el profesional de la salud mental creen que su hijo tiene depresión o un trastorno del estado de ánimo similar, pueden remitirlo a un especialista para que lo evalúe y lo trate.

Los terapeutas pueden tratar los trastornos del estado de ánimo con sesiones de terapia y medicamentos.

El asesoramiento a los padres también puede formar parte del plan de tratamiento. Este tipo de asesoramiento se centra en las formas en que los padres pueden apoyar mejor a su hijo durante la depresión u otros trastornos del estado de ánimo.

Las sesiones del terapeuta son importantes, pero usted, como padre, desempeña un papel tan importante como el de ellos. En casa, hay cosas sencillas que puede hacer para tener un efecto positivo en el estado de ánimo del niño. Cosas como asegurarse de que su hijo come alimentos sanos y nutritivos, dormir lo suficiente por la noche y fomentar la actividad física tendrán un efecto positivo. También hay otras formas menos obvias de ayudar. Pasar tiempo con su hijo haciendo cosas que os gusten a los dos, como salir a pasear, jugar a un juego de mesa, cocinar o hacer manualidades, puede fomentar suavemente las emociones y los estados de ánimo positivos.

Cuando se trata de trastornos del estado de ánimo, es fácil que los padres se sientan frustrados y molestos cuando sus hijos o adolescentes actúan de forma irritable y malhumorada. Pero hay que recordar que estos estados de ánimo pueden ser sólo parte del trastorno y no son necesariamente signos de falta de respeto intencional. Intente ser paciente y comprensivo. En última instancia, esto fortalecerá su relación y ayudará al niño a lidiar con su trastorno del estado de ánimo de una manera más eficaz.

· · ·

Recursos para los padres

Bien, ya hemos hablado de lo que podemos hacer si sospechamos que nuestro hijo tiene problemas de salud mental, pero ¿qué tipo de recursos existen para los padres? Me alegro de que preguntes.

Un sitio web increíble que tiene un montón de recursos para los padres, los jóvenes y los médicos es la Academia Americana de Psiquiatría Infantil y Adolescente. Su sitio web incluye una gran cantidad de información actualizada sobre temas que afectan a los niños, los adolescentes y las familias. No sólo proporcionan datos sobre los diferentes trastornos del estado de ánimo y otros problemas de salud mental, sino que también ofrecen recursos de tratamiento, como guías de medicamentos de uso común, escalas de valoración, libros, vídeos e incluso aplicaciones que puedes instalar en tu teléfono. Estas aplicaciones pueden ser herramientas útiles para las personas con depresión o los padres que simplemente necesitan un poco más de ayuda. Suelen utilizarse junto con evaluaciones y tratamientos exhaustivos proporcionados por profesionales capacitados.

Una aplicación basada en vídeo, llamada mDAP, se basa en el Programa de Concienciación sobre la Depresión en Adolescentes, o ADAP, de la Universidad John Hopkins.

. . .

Se desarrolló específicamente para proporcionar información sobre la depresión a los adolescentes y contiene información sobre cómo pueden recibir ayuda. También está disponible de forma gratuita en la App Store de Apple y en Google Play.

Otra aplicación se llama CBT Tools for Youth. Esta aplicación fue diseñada específicamente para niños y adolescentes, y ofrece información sobre la depresión, así como funciones para registrar y acceder a planes de seguridad y habilidades de afrontamiento. En este momento, esta aplicación tiene un coste asociado en la App Store de Apple.

Hay muchas más aplicaciones que pueden ayudarles a usted y a su hijo si tienen un trastorno del estado de ánimo. Aplicaciones como Mood Tools, CBT Diary y My3 han sido diseñadas específicamente para ayudar a las familias a lidiar con los efectos negativos y las preguntas que a menudo vienen con los trastornos del estado de ánimo.

No sólo hay aplicaciones disponibles, sino que también hay grupos de apoyo para ayudar a los padres y a los jóvenes. Grupos como la Depression and Bipolar Support

Alliance y la National Alliance on Mental Illness tienen sitios web muy informativos y recursos que podrían ayudar, incluyendo líneas de ayuda reales si tú y tu hijo queréis contactar con alguien para pedir ayuda.

Le sugiero encarecidamente que consulte todos estos recursos si cree que su hijo tiene un trastorno del estado de ánimo o le han diagnosticado uno. Estos recursos son invaluables para que usted comience a entender cómo se puede sentir su hijo y qué puede hacer para ayudarlo.

3

Atención plena y cómo puede ayudarte a dejar los videojuegos

LA VERDADERA ACEPTACIÓN en forma de mindfulness (meditación, consciencia) te permite experimentar no sólo el dolor físico y emocional sin dejarte envolver por él, sino también tus pensamientos.

La mayoría de las personas son controladas por sus pensamientos. No hace mucho tiempo, cada vez que la parte adicta de mi cerebro decía "NECESITAS JUGAR", me identificaba instantáneamente con ese pensamiento y hacía exactamente lo que me decía, casi automáticamente. Fue sólo después de horas de aprender las herramientas de la atención plena, donde me sentaba y tomaba conciencia de lo que se movía dentro de mi mente, y cómo no permitir que estas experiencias se convirtieran en un comportamiento adictivo.

. . .

Con más frecuencia, ahora soy capaz de escuchar a la parte adicta de mi cerebro decir "¡Juega ahora mismo! NO PUEDES MANEJAR LA VIDA TAL Y COMO ES". Me doy cuenta, y entonces simplemente muevo mi atención a algo más productivo y sigo con mi vida. Aprenderás más sobre estas habilidades en las próximas lecciones, pero ahora quiero que seas consciente de ellas.

Quiero pensar en todas las cosas que estás haciendo para escapar de tus sentimientos que te impiden vivir una vida valiosa.

Si resulta que trabajas como programador, no puedes escapar de todos tus desencadenantes.

Tarde o temprano tendrás que trabajar frente a un ordenador, que acabará por desencadenarte.

Por eso, el objetivo final de la terapia no es eliminar todos los desencadenantes de su vida (aunque intentaremos limitarlos al máximo), sino enseñarle cómo puede experimentar el impulso de jugar a los videojuegos sin actuar en consecuencia. (Harris, 2009) El dolor duele. Pero no tiene por qué limitar nuestro comportamiento. Podemos actuar de forma óptima por muy mal que nos sintamos.

· · ·

Muy a menudo nos centramos en nuestro dolor y hacemos que nuestra vida gire en torno a nuestra ansiedad y depresión, a veces hasta el punto de obtener un título inútil de psicología, como hice yo. Una forma de superar esta creencia improductiva de que "necesito sentirme bien para ser grande" es imaginar que alguien ha agitado una varita mágica sobre ti y todo tu dolor emocional ha desaparecido. ¿Qué harías? ¿Qué querrías que fuera tu vida?

Cómo la mentalidad tradicional de resolución de problemas crea problemas Los problemas mentales se producen cuando intentamos utilizar las mismas estrategias que se utilizan para resolver problemas en el mundo exterior para resolver problemas en nuestro mundo interior, dentro de nosotros.

Veamos ahora cómo resolveríamos los problemas externos observando cómo reaccionaríamos si oliéramos a gas en la cocina:

Reconoceríamos que hay algo mal al detectar un olor extraño.

Identificaríamos la causa al notar que el olor es de gas de la estufa y que una de las perillas no está completamente apagada.

. . .

Anticipamos que la casa probablemente explotará si no se hace nada.

Determinaríamos lo que hay que hacer y lo haríamos. En este caso, cerraríamos el grifo del gas.

Luego evaluaríamos si ha funcionado comparando el resultado con el esperado. En este caso, esperaríamos a ver si el olor se disipa.

A continuación, determinaremos lo que hemos aprendido y averiguaremos cómo manejar problemas similares en el futuro.

Ahora mira todos estos pasos y piensa: ¿Cómo podrían conducir al sufrimiento o a la inflexibilidad psicológica si intentáramos utilizarlos para problemas internos?

Por ejemplo, si aplicamos el paso 2: "Identificar una causa", a los problemas internos, ¿podría ser perjudicial si aparece en forma de atribución de culpa o responsabilidad? ("Ha sido culpa mía" o "Deberías haberlo sabido").

· · ·

Del mismo modo, si aplicas el paso 3 para resolver problemas internos, puede que te preocupes.

("Sé que tengo que hacer esto, pero ¿y si...?") Paso 4: "Determinar lo que debe hacerse y hacerlo", requiere que accedamos a una regla interna.

Pero cuando nos ocupamos de los problemas internos tratando de adherirnos a dichas reglas, esto crea patrones de pensamiento que incluyen "deberías" y "debes", que han sido identificados como la principal causa de los problemas psicológicos por la Terapia Cognitiva Conductual (específicamente la Terapia Racional Emotiva Conductual). Pero incluso si se piensa en esto usando el sentido común, una adhesión estricta a las reglas mentales puede llevar a la rigidez.

Si tratamos de aplicar el paso 5 a los acontecimientos internos, esto puede dar lugar a una visión negativa de uno mismo porque constantemente actuaremos por debajo de nuestro nivel. ("¿Por qué no puedo dejar de ser así? o "Soy un perdedor, y probablemente la mayoría de la gente también lo piense").

Y, por último, si tratamos de aplicar nuestros juicios y evaluaciones en nuestro paisaje interno, esto podría conducir a la creación de una imagen negativa de uno mismo y a ver el mundo como algo dañino y limitante

("Debería dejar de intentarlo", "Quizás si dejo de preocuparme, no me volverán a hacer daño" o "Así es la gente, así que ¿por qué debería molestarme en acercarme a alguien?").

Así que, como puedes ver, puede dar lugar a problemas cuando aplicamos las estrategias que funcionan para los problemas externos a los problemas internos.

Veamos ahora qué ocurre cuando intentamos "controlar" un pensamiento y un impulso. ¿Qué pasa si lo que haces con estos pensamientos, recuerdos y sentimientos es como luchar con una pelota en una piscina? No te gustan estas cosas. No las quieres y las quieres fuera de tu vida. Así que tratas de empujar la pelota bajo el agua y fuera de tu conciencia. Sin embargo, la pelota sigue subiendo a la superficie, así que tienes que seguir empujándola o manteniéndola bajo el agua.

Luchar con la pelota de esta manera la mantiene cerca de ti, y es agotador e inútil. Si soltaras la pelota, saldría y flotaría en la superficie cerca de ti, y probablemente no te gustaría. Pero si la dejas flotar durante un rato sin agarrarla, podría acabar alejándose hacia el otro lado de la piscina.

. . .

E incluso si no lo hiciera, al menos podrías usar los brazos y disfrutar del baño, en lugar de pasar el tiempo luchando.

He aquí otra metáfora que ilustra el efecto de intentar gestionar tus emociones e impulsos mediante el control:

Imagina tu vida como una habitación. Un día te das cuenta de que una tubería del techo ha empezado a gotear. El desorden que crea el agua, así como el sonido de las gotas que caen, te ponen nervioso y quieres deshacerte de ella. Así que reparas la fuga con un trozo de cinta adhesiva y limpias el agua, y vuelves a estar tranquilo, hasta que el agua encuentra su camino a través de la cinta y el sonido del goteo y el desorden del agua vuelven a aparecer: Así que pones otro trozo de cinta alrededor de la primera reparación y todo vuelve a estar en orden. Por supuesto, la paz y la tranquilidad no duran mucho. Tienes que reparar la fuga una y otra vez. Eso no es un gran problema, ya que la cinta adhesiva es bastante barata y siempre consigues tener un rollo de repuesto a mano. Esto se prolonga durante meses o incluso años hasta que un día te das cuenta de que estas grandes y torpes reparaciones van llenando poco a poco la habitación, dejando cada vez menos espacio para vivir y sólo empeoran las cosas al esparcir aún más agua por todas partes.

· · ·

Vivir con apertura a tu experiencia requiere práctica, al igual que estar cómodo con la incertidumbre requiere práctica. Por eso meditarás durante una hora al día para desarrollar ésta y otras habilidades de atención plena que se te darán aquí, que no sólo te ayudarán a liberarte de tu adicción sino que también te ayudarán a llevar una vida más productiva. Algunas meditaciones te funcionarán mejor que otras. Por eso te mostraré otra meditación de atención plena llamada ejercicio de escaneo del cuerpo.

Este ejercicio te enseñará a meterte en tu cuerpo y a girar a voluntad desde tus pensamientos hacia el cuerpo. Cuando te vuelves en el cuerpo te pones automáticamente en el momento presente, lo que te permitirá reaccionar de forma óptima a tu situación actual. Este ejercicio te enseña esta habilidad. Es uno de los pocos ejercicios del libro que te recomendamos que practiques repetidamente, ya que no se trata tanto de enseñarte un concepto como de enseñarte directamente una habilidad. Una habilidad de atención plena. Cuanto más lo practiques, más fuerte será tu "músculo de la atención plena".

El siguiente ejercicio es para ti o para que lo practiques con tu hijo/adolescente. Si haces lo segundo, intenta que estas preguntas sean un poco más fáciles de entender y de responder:

1. ¿Qué hago para controlar la huida de mis sentimientos?

2. ¿En qué medida funcionan estas estrategias a corto plazo? ¿Y a largo plazo?

3. ¿Cuáles son los costes o desventajas de estas estrategias?

4. ¿Mi lucha con estas emociones es mayor o menor a lo largo de los meses y años? 5. ¿Estoy teniendo éxito o me estoy quedando cada vez más atrás?

6. Si alguien agitara una varita mágica sobre ti y toda tu ansiedad, depresión y otros dolores emocionales desaparecieran, ¿qué harías?

7. ¿Qué te gustaría que fuera tu vida?

8. ¿De qué manera su actual lucha psicológica ha interferido con sus objetivos y aspiraciones?

9. Completa esta frase con cada una de las emociones de tu inventario de sufrimiento: Si _____ no fuera un problema para mí. Yo...

Nos gustaría que usted o su hijo rellenaran las líneas en blanco de las frases que aparecen a continuación, pero primero vamos a describir cómo hacerlo. Coge un elemento de tu inventario de sufrimiento que hayas completado en la lección anterior. Puede ser cualquier elemento, pero sería mejor empezar con un elemento que esté en lo alto de tu lista y que esté conectado a otros elementos. Probablemente se trate de un problema que inhiba en gran medida tu vida. Adelante, rellena tu problema, pero no rellenes lo que harías si desapareciera.

. . .

Ahora, piensa en lo que harías si ese dolor desapareciera de repente. El objetivo de este ejercicio no es pensar en lo que te gustaría hacer en un día determinado si tus problemas no te atormentaran. La idea no es celebrarlo diciendo: "¡Mi depresión ha desaparecido y me voy a Disneylandia!". Se trata de pensar más ampliamente en cómo cambiaría el curso de tu vida si tu lucha constante con el dolor emocional dejara de ser un problema. No te preocupes si crees que todavía no lo tienes muy claro.

Aquí tienes algunos ejemplos de lo que quiero que escribas:

- Si no tuviera tanta ansiedad, podría conseguir el trabajo que quiero.

- Si la ira no fuera un problema para mí, tendría menos problemas en el trabajo.

- Si no tuviera un sentimiento de depresión tan fuerte, me esforzaría más en mi trabajo y trataría de encontrar el empleo que siempre he querido.

10. Haz lo mismo aquí: Si no tuviera _____ yo...

11. ¿Recuerdas los pasos que debemos dar para resolver los problemas externos? Nombra algunas formas en que cada uno de estos pasos podría crear sufrimiento.

Puedes consultar los ejemplos que se dan en la lección.

12. Comprueba si puedes controlar eficazmente tus pensamientos.

. . .

Durante los próximos segundos, me gustaría que no pensaras en un cachorro. Puedes pensar en cualquier otra cosa que no sea un cachorro. Si surgen pensamientos de un lindo cachorro que mueve la cola y salta sobre ti para lamerte la cara, sigue adelante y aparta esos pensamientos y no pienses en ellos. Puedes pensar en cualquier otra cosa, pero hagas lo que hagas, no pienses en un cachorro. Haz esto durante 4 minutos. ¿Has conseguido no pensar en un cachorro? ¿Qué estrategias has utilizado para no pensar en un cachorro? ¿Qué eficacia han tenido?

4

La familia que juega junta, permanece junta

Este capítulo está especialmente escrito para las personas que nunca o casi nunca han jugado a un videojuego o que están pensando en lo peligroso que es pasar del castigo a la permisividad, ¡e incluso a la participación!

Como ya hemos dicho, deshacerse por completo de los videojuegos no es una opción hoy en día.

Tu hijo está creciendo en un mundo dominado por la electrónica. Ahora se está convirtiendo en tu responsabilidad como padre navegar por el mundo online de forma segura. Además, participar en el juego de tu hijo puede ser muy divertido y acercaros a los dos.

. . .

Quizá pienses: "¡Pero si no he tocado un videojuego desde Donkey Kong!". No te preocupes. Te tengo.

Adentrarse en los juegos de tu hijo no debería ser tan difícil y ya tienes un profesor interno que podría estar listo para tu primera lección. Además, no hace falta que te conviertas en el próximo campeón de juegos para conquistar a tu hijo. El simple hecho de mostrar interés por sus juegos y por lo que les gusta será suficiente para abrir un camino hacia una conexión más fuerte.

Ahora que los videojuegos son aún más fáciles de aprender para los jugadores principiantes, es más posible compartir el tiempo de juego con su hijo. Además, jugar codo con codo fomenta la conversación y un vínculo más estrecho, lo que puede llevar a tu hijo a compartir sus problemas o triunfos contigo.

¿Cuántas veces ha venido su hijo corriendo a contarle su último logro en el juego? O tal vez ha encontrado un nuevo juego que quería probar y no podía dejar de hablar de lo genial que era en la mesa. Ya estaban intentando conectar contigo a través de su pasatiempo favorito. Ahora te diré exactamente cómo puedes participar activamente en esas conversaciones.

Por qué deberías jugar

. . .

Luchar contra los dragones o descubrir un tesoro escondido juntos, en equipo, combate la brecha digital entre los niños y sus padres. Permitir que tu hijo te enseñe cultiva una relación de confianza entre padres e hijos y, en general, crea un fuerte vínculo. Y lo que es más importante, ya sea buscando trozos del Edén en Assassin 's Creed o cayendo por la carretera del arco iris en Mario Kart, se trabaja en equipo para lograr un objetivo común.

Jugar con tu hijo también te da la oportunidad de ver cómo responde al fracaso, a la derrota o a la dificultad, lo que a menudo puede corresponder a cómo reacciona en el mundo real. ¿Se sienten especialmente frustrados cuando no pueden vencer a un determinado jefe o pasar al siguiente nivel?

¿Muestran comportamientos más violentos cuando pierden, como lanzar el mando del juego por la habitación? El comportamiento en el mundo real puede trasladarse a los juegos en línea y observar a tu hijo te ayudará a establecer ese paralelismo entre cómo reacciona en línea y en el mundo real.

Cuando eliges coger el mando, también estás animando a tus hijos a que resuelvan los problemas por sí mismos, modelando el tipo de comportamiento que te gustaría que aplicaran. Si no puedes averiguar cómo resolver ese jefe que a tu hijo le cuesta vencer, lo más probable es que se vea obligado a hacerlo por sí mismo o a ser proactivo y buscar la ayuda de otros jugadores, fomentando así el comportamiento social.

También puedes mostrarle cómo los videojuegos pueden fomentar valiosas habilidades de comunicación. A medida que tu hijo te enseñe, estará aprendiendo a animar a los demás de forma eficaz y a explicar las instrucciones con paciencia.

Las estadísticas del juego entre padres e hijos

En 2011, en un estudio entre niños de 11 a 16 años, una científica y sus colegas descubrieron que la conexión positiva entre padres e hijos se correlacionaba positivamente con el hecho de que los padres jugaran con sus hijos a juegos apropiados para su edad. Descubrieron que jugar a los videojuegos conjuntamente ayudaba a disminuir los niveles de conductas internalizadas y agresivas, y (en el caso de las niñas) aumentaba el comportamiento prosocial.

¡Dato curioso! En realidad, este fue el primer estudio que mostró correlaciones positivas para el juego conjunto de videojuegos entre las niñas y sus padres.

· · ·

El juego conjunto con su hijo es, en realidad, un método de mediación entre padres e hijos, al igual que los castigos positivos y negativos de los que hablamos en el último capítulo.

Aunque el juego conjunto ha sido percibido por muchos padres como una estrategia de mediación eficaz, debido a sus límites de tiempo restrictivos, no se utiliza con frecuencia. Sin embargo, podría ser una herramienta más en tu arsenal a la hora de ayudar a tu hijo con su adicción al juego.

He aquí algunas formas de empezar a jugar con tu hijo.

Deje que su hijo elija el juego

Probablemente no haga falta decirlo, pero dar a tu hijo la autonomía de elegir a qué juego quiere jugar contigo es vital. Tal vez hayas pensado que lo ideal es jugar a juegos educativos, como los que tienen mensajes positivos sobre la vida o simpáticas criaturas del bosque. Pero si no eres un jugador y no has dedicado mucho tiempo a conocer los intereses de juego de tu hijo, puede que no te des cuenta de lo que le resulta divertido.

· · ·

Y oye, puede que te sorprenda su elección. Recuerdo cuando mi propia madre se sentó a preguntarme a qué juego estaba jugando. Estaba demasiado emocionada para explicarle todo sobre Los Sims y mostrarle las casas que había construido desde cero, sin saber nada de diseño arquitectónico a la sólida edad de diez años. Vaya si se sorprendió.

Estaba totalmente preparada para que le enseñara zombis y gore o algún otro horror nuevo que creía que estaba disponible en Internet.

Si a su hijo le interesa más lo que usted considera violento o intenso, no empiece a sudar todavía.

Todavía puedes decidir los límites de lo que tu hijo podrá jugar. Pruébalo y comprueba por ti mismo a qué juegan antes de tomar cualquier decisión. Es mejor entender primero el juego antes de cortarlo sin haber experimentado realmente el juego.

Como consejo profesional, si buscas una experiencia de juego amistosa con tu hijo, es mejor que intentes evitar los juegos multijugador. Lo sé, parece contradictorio, pero créeme. Cuando sólo juega una persona a la vez, la otra tiene la oportunidad de hacer preguntas, comentarios o incluso de burlarse del jugador. Los juegos para un solo jugador pueden proporcionar interacciones más significativas, ya que tu hijo no estará demasiado centrado en otros jugadores del juego.

Aun así, si intentas jugar a un juego que no te interesa, puede que no sea la experiencia divertida que esperas.

Aunque tu hijo puede y debe dar sugerencias, trabajad juntos para encontrar un juego que os convenga a los dos.

Los niños son más flexibles que los adultos a la hora de elegir.

Cuanto más te diviertas aprendiendo a jugar, más positiva será la experiencia que te enseñe tu hijo.

Aprende a jugar

Ahora que tu hijo ha elegido el juego, tienes que jugar de verdad. Si no está acostumbrado a jugar, puede ser un poco desalentador al principio. ¿Cuántos botones hay que pulsar en esos pequeños mandos? La curva de aprendizaje puede ser definitivamente un poco empinada, ¡y todo se mueve tan rápido!

· · ·

Pero bueno, al menos tu hijo encontrará divertido ver tus ridículas muertes y tus torpes intentos de luchar contra algunos monstruos. En realidad, esto podría ser una gran lección para enseñarles a superar el miedo y a salir de su propia zona de confort para probar nuevas ideas. Así que, aunque seas un desastre, ¡ponte manos a la obra!

Cuando te sientas cómodo con los controles del juego y los aspectos básicos, deja que tu hijo te guíe. Puede mostrarte cómo conseguir potenciadores, objetos especiales o incluso cómo superar los niveles de los jefes. Mientras juegan, habla con ellos sobre las estrategias que han aprendido y las posibles soluciones que han descubierto. Esto permitirá a tu hijo invertir los roles tradicionales de padre e hijo y hacer de profesor. Además, si estáis jugando a algo competitivo, le dará la satisfacción de ganarte. ¿Y qué niño no quiere experimentar eso?

En el mundo real, los niños pueden sentir que no tienen mucho poder. Darles esta oportunidad de experimentar los roles invertidos siempre es divertido, pero lo más importante es que es una oportunidad para mostrarles cómo manejarse cuando juegan. Es la oportunidad de oro para modelar un buen comportamiento en el juego.

Si te frustras durante una misión, mantén el respeto y la compostura, tanto si ganas como si no.

. . .

Créeme, se darán cuenta y, se den cuenta o no, puede que aprendan un par de cosas sobre el comportamiento positivo en el juego. Y, una vez que el niño y el padre invierten los papeles, es muy posible que se vean el uno al otro con una luz diferente. Es casi como ponerse en el lugar del otro, por así decirlo.

Por otro lado, también es una buena idea no tomarse las cosas como algo personal si su hijo se frustra por su evidente falta de habilidades. Como ya he dicho, tu hijo estará aprendiendo a enseñar a los demás y empezando a explorar este nuevo papel de mentor. Al igual que usted tendrá una curva de aprendizaje a la hora de averiguar qué hace "X" en el mando, ellos estarán aprendiendo nuevas formas de comunicación.

Hablar del juego

Una vez que comprenda mejor el mundo en el que se desenvuelve su hijo, tendrá un nuevo tema de conversación para conectar con él. Podrás interpretar, explicar e incluso contextualizar sus experiencias. Le dará la oportunidad de guiar a su hijo hacia contenidos más creativos y positivos, al tiempo que lo aleja de los contenidos demasiado maduros o más perturbadores.

. . .

Al entrar en ese terreno digital y entender mejor a tu hijo, sabrás exactamente a qué atenerte para ayudar a protegerlo mejor. Podrás entender los pros y los contras de cada interacción dentro del juego, las diferentes clasificaciones por edades del mundo del juego y tus propios límites personales. Negociar y discutir con tu hijo los aspectos positivos y negativos del juego, como la cantidad de violencia con la que ambos os sentís cómodos y otros contenidos maduros, os da una forma de tratar estos temas juntos como equipo.

Los padres pueden ayudar a reforzar las lecciones educativas, como discutir las implicaciones morales de matar criaturas en Minecraft o el positivo trabajo en equipo utilizado en Call of Duty, World of Warcraft y otros juegos orientados al trabajo en equipo. Los padres pueden incluso hacer analogías. Por ejemplo, si a tu hijo le gusta jugar a Pokémon y no consigue atrapar una criatura que realmente quería, podrías enseñarle la importante lección de vida de que a veces no se consigue lo que se quiere. Hay muchas maneras de utilizar sus videojuegos como herramientas de aprendizaje de lecciones. Su experiencia puede ayudar a que los niños aprendan a decidir lo que es "bueno" o "malo" por sí mismos en el futuro.

. . .

Asegúrate de no forzar estas conversaciones. Lo importante no es lo que se hable, sino el hecho de que se abra una comunicación positiva entre usted y su hijo.

Establecer límites

¿Has escuchado hablar de establecer las normas sobre el tiempo de pantalla que debe tener tu hijo? Pues bien, adentrarte en el juego te ayudará a entender cuándo debe ser ese límite.

Podrás entender cuánto tiempo necesitarán (porque cuando seas top ten en Fortnite, necesitarás esos minutos extra para conseguir esa victoria royale) basándote en la adecuación a la edad de cada juego.

Jugar a los videojuegos con tu hijo te dará la confianza necesaria para usar tu mejor criterio y experiencia para establecer reglas justas que tu hijo pueda entender, y quizás, incluso respetar. Al menos, tu hijo no podrá decirte con reproche que "simplemente no lo entiendes".

5

Cómo pasar de malgastar tu vida en videojuegos a una vida con propósito

LOS VALORES SON formas libremente elegidas de entender tu lugar en el mundo; son patrones de comportamiento que evolucionan a lo largo del tiempo en función de tus acciones, y sientes satisfacción principalmente al realizar estas acciones por sí mismas, no por ningún incentivo o recompensa externa.

Los valores son los deseos más profundos de nuestro corazón sobre la forma en que queremos interactuar con el mundo, con otras personas y con nosotros mismos. Son lo que queremos representar en la vida, cómo queremos comportarnos, qué tipo de persona queremos ser, qué tipo de fortalezas y cualidades queremos desarrollar.

. . .

Sé que la jerga técnica puede resultar confusa, pero permítanme diseccionar esta definición para que todo el mundo pueda entenderla:

Ahora vamos a diseccionar esta definición:

Los valores se eligen libremente. Tus valores son tuyos. No son los valores de la sociedad ni los de tus padres. No te diremos lo que debes valorar y te sugerimos que tampoco permitas que nadie te lo diga. Durante mis días de new age, permití que las "autoridades" me dijeran lo que debía valorar o no, y esa fue una de las peores decisiones de mi vida.

Tú eres quien tiene que elegir tus propios valores en la vida.

Pero, al mismo tiempo, el hecho de que seas tú quien elija tus valores no significa que vayas a ser siempre un ejemplo perfecto de ellos. Puede que elijas que valoras mucho la relación con tus hijos. ¿Significa esto que siempre serás el padre perfecto? Habrá momentos en los que harás cosas incompatibles con tu idea de lo que significa ser un buen padre. Tu elección básica de hacer de este ámbito de tu vida una prioridad es lo que constituye tus valores.

Los valores describen su comprensión del lugar que ocupa en el mundo Cuando hablamos de valores, nos referimos a las formas en que has decidido relacionarte con el papel que vas a desempeñar en el mundo: como miembro de una comunidad o familia, como artista, como escritor, como profesor, etc.

Los valores son patrones de comportamiento

Los valores no son actos individuales. No eres un buen marido sólo porque una vez compres flores a tu mujer. En este caso, un valor sería un patrón de actos que muestran consideración, consideración y amabilidad. Regalar flores puede ser parte del patrón, pero es sólo una pequeña parte.

Un patrón de valores es algo que hará que alguien se pare junto a su tumba y diga: "era un marido cariñoso". Los valores son algo que se ES, no son actos puntuales que se hacen y luego se olvidan. Tampoco son objetivos que se alcanzan y se terminan. Son algo que se practica toda la vida.

Los valores no son estáticos. Son dinámicos y se desarrollan en función de tus acciones Por ejemplo, el valor de "ser un buen marido" cambia con el tiempo. Hay cosas diferentes que hacen que un "buen marido" lo sea a los 20 y a los 50 años. Nuestros patrones de vida cambian, aunque el valor central siga siendo el mismo. Algunas personas pueden entender los valores como una especie de código de conducta, pero a nuestro entender los valores evolucionan a lo largo del tiempo como resultado de muchas, muchas acciones que puedes realizar al servicio de los patrones de vida que te importan.

Al mismo tiempo, en realidad no "aclaramos" ni "descubrimos" nuestros valores. Los construimos a lo largo del tiempo, a medida que nos involucramos en un patrón de acción que empieza a parecerse a un valor. Una vez que decidas lo que quieres que sea tu vida, sólo tus esfuerzos a lo largo del tiempo pueden determinar lo que realmente significa.

Los valores son intrínsecamente gratificantes

Un valor es algo que uno no hace para "conseguir algo", es algo en lo que encuentras recompensa por sí mismo. La única razón para ser un buen padre es la recompensa de serlo. Los valores son algo intrínsecamente gratificante y no necesitan una recompensa externa para serlo.

En algún momento de tu vida, puede que descubras que nada es gratificante. Espero que los ejercicios de este curso te ayuden a encontrar al menos un valor en tu vida.

. . .

Es importante tener en cuenta que los valores no son sentimientos Si alguien basa la acción en la ausencia o presencia de emociones, no puede llevar una vida basada en valores. Siempre surgirán obstáculos emocionales que te preguntarán "¿me aceptas?".

Si respondes "no", el camino se detendrá. Tenemos que aprender a valorar incluso cuando no nos apetece, a amar incluso cuando nos sentimos enfadados, a cuidar incluso cuando sentimos desesperación.

Los valores son elecciones

No necesitan ser explicados, justificados ni guiados de ninguna manera por nuestras evaluaciones y juicios verbales. Un valor no es una decisión. Permítanme explicar la diferencia. Una decisión es una selección entre cursos de acción alternativos hecha por una razón; las razones son colecciones de pros y contras. Cuando tomas una decisión, ésta se justifica, se explica y se guía por razones.

Por ejemplo, puedes invertir en acciones de la manzana porque crees que esa empresa aumentará su valor y porque tiene un sólido historial de crecimiento. Son razones que justifican y explican la compra de las acciones. Las opciones son otra cosa.

Los valores no son objetivos

Los valores son la dirección que tomamos. Son como una brújula para la vida.

Una brújula te orienta y te mantiene en el camino cuando viajas; tus valores hacen lo mismo en el viaje de la vida.

Los utilizamos para elegir la dirección en la que queremos movernos y para mantenernos en el camino mientras avanzamos. Así que cuando actúas según un valor, es como si te dirigieras al oeste. No importa lo lejos que viajes hacia el oeste, nunca llegas allí; siempre puedes ir más lejos.

No son una meta para tachar de una lista. Son los principios que guían todas las decisiones que tomamos en nuestra vida.

. . .

Por ejemplo, si quieres ser una pareja buena y cariñosa, eso es un valor.

Cuando dejas de ser una pareja cariñosa, dejas de practicar ese valor. Por otro lado, el matrimonio es un objetivo. Se puede lograr y tachar de la lista de cosas por hacer. Una vez que te has casado, estás casado aunque empieces a tratar mal a tu pareja. Tener un trabajo es un objetivo, pero ser bueno en el trabajo es un valor. Es un proceso continuo. Por otro lado, los objetivos son como las cosas que intentas conseguir en tu viaje por la vida; son como las vistas que quieres ver o las montañas que quieres escalar mientras sigues viajando hacia el oeste.

Los valores nunca necesitan ser justificados

Los objetivos necesitan explicaciones y razones para su experiencia. En cambio, los valores nunca necesitan ser justificados. Son tus elecciones y, como tales, no necesitas explicarlas ni justificarlas ante nadie.

Los valores están aquí y ahora; los objetivos están en el futuro Como aprenderás en futuras lecciones, los objetivos son algo que se planifica. Son algo en torno a lo cual se estructuran las actividades diarias. En cambio, los valores son algo que se practica momento a momento.

Una vez que seas más consciente de tu comportamiento a través de la atención plena, te darás cuenta de que estás eligiendo conscientemente cómo comportarte en cada momento de tu vida. Una vez que tus valores estén claros para ti, serás capaz de tomar las decisiones correctas. Esto te permitirá elegir no jugar a los videojuegos cuando el impulso de jugar a los videojuegos aparezca en tu mente, porque tendrás algo mejor que hacer que eso.

A menudo hay que priorizar los valores

La vida no es perfecta. A veces tendrás que elegir un valor sobre otro.

Por eso, en la lección que sigue a la siguiente aprenderás a priorizar eficazmente tus valores, para saber exactamente cómo comportarte en cada momento de tu vida.

Los valores se guardan mejor a la ligera

La mente a veces puede transformar incluso los valores en una fuerza destructiva. Lo hace cuando convierte la afirmación "elijo ser un buen padre" en la afirmación "debo ser un buen padre".

. . .

La Terapia Racional Emotiva Conductual y la Terapia Cognitiva Conductual saben desde hace décadas que los patrones de pensamiento que incluyen los "debes" son los más autodestructivos.

Como ya sabes después de haber pasado por el módulo anterior. Sólo quiero que tengas en cuenta que cuando pienses en tus valores es mejor pensar en ellos en términos de "elijo ser un buen compañero" en lugar de "debo ser un buen compañero".

El éxito es vivir según tus valores

Con esta definición puedes tener éxito ahora mismo aunque tus objetivos estén muy lejos.

Permíteme ahora contarte una historia sobre la importancia de priorizar tus valores: Un profesor se puso delante de su clase con un gran tarro vacío sobre su mesa. Llenó la jarra vacía con pelotas de ping-pong y preguntó a los alumnos si la jarra estaba llena. Ellos estuvieron de acuerdo en que lo estaba. A continuación, el profesor cogió un recipiente con piedras pequeñas y las vertió en el tarro de manera que llenaran los espacios entre las pelotas de ping-pong.

. . .

De nuevo, preguntó a los alumnos si el tarro estaba lleno. Ellos estuvieron de acuerdo en que lo estaba. A continuación, el profesor cogió una bolsa de arena y la vertió en el tarro, llenando los espacios entre las piedras pequeñas. Volvió a preguntar si el tarro estaba lleno. Los alumnos respondieron unánimemente que sí. El profesor dijo entonces: "Este frasco representa vuestra vida. Las pelotas de ping-pong son las cosas importantes -tu familia, tus hijos, tu salud física, tus amistades y tus pasiones-, cosas que si todo lo demás se perdiera y sólo quedaran ellas, tu vida seguiría estando llena. Las piedras pequeñas son las otras cosas que importan, como tu carrera, tu casa y tu coche. La arena es todo lo demás, las cosas pequeñas. Si pones primero la arena en el tarro, no te cabrán todas las piedras pequeñas, y mucho menos las pelotas de ping-pong. Lo mismo ocurre con la vida.

Si gastas todo tu tiempo y energía en las cosas pequeñas, no tendrás espacio para las cosas más vitales para ti. Dedica tiempo a las cosas que son cruciales para una vida con sentido. Juega con tus hijos. Dedica tiempo a ver a tu médico. Ten una cita con tu cónyuge o pareja. Vete de vacaciones. Siempre habrá tiempo para hacer las tareas y cambiar las bombillas. Prioriza primero las pelotas de ping-pong, las cosas que realmente importan. El resto es sólo arena".

. . .

Identificar tus valores es como crear una base sólida para tu casa

Imagine que está remodelando su casa. Está entusiasmado con la idea de elegir nuevos y atractivos azulejos y modernos electrodomésticos y de pintar las paredes con nuevos y excitantes colores. El presupuesto está fijado y lo tienes todo planeado, pero entonces descubres que hay una grieta importante en los cimientos de tu casa. Intentar averiguar cómo vivir tu vida (cómo resolver este problema, cómo tomar esta decisión, etc.) antes de decidir quién quieres ser realmente y qué quieres representar sería como seguir adelante con tu remodelación sin arreglar los cimientos. Si cuelgas bonitas cortinas y pones acogedoras alfombras pero los cimientos están rotos, tu casa acabará inclinándose o derrumbándose.

Ahora tiene que gastar algo de tiempo y dinero extra para reparar los cimientos adecuadamente, y esto puede significar que no puede permitirse inmediatamente los atractivos azulejos y los modernos electrodomésticos. Sin embargo, al final del día, tendrá una casa sólida y menos de qué preocuparse.

Vivir alineado con tus valores no garantiza que todo lo que quieres ocurra o que te sientas necesariamente cómodo. Pero sabrás que estás en el camino correcto, y que estarás viviendo una vida más plena, más rica y más significativa que es congruente con la persona que quieres ser.

Vivir una vida valiosa significa que, incluso cuando las cosas no vayan perfectamente, no sólo seguirás en pie, sino que mantendrás la integridad del edificio.

Una vez que definas tus valores, podrás elegir la dirección de tu vida intencionadamente y con un propósito en cada momento. Una vez que descubras el propósito de tu vida (tus valores) podrás dejar de preocuparte por la gratificación inmediata y los resultados inmediatos y, en su lugar, vivir una vida basada en valores en el momento, incluso cuando el momento en sí sea desagradable. No tienes ningún control real sobre si lograrás o no tus objetivos. Pero puedes elegir actuar en una dirección valiosa en cada momento de tu vida.

Tus valores serán, en última instancia, lo principal que te ayudará a superar tu adicción a los videojuegos. Cada vez que tu yo adicto diga: "¿Por qué estoy haciendo esto? Por qué estoy haciendo todo este esfuerzo para dejar de jugar a los videojuegos", puedes decir: "Porque es algo que me importa. Porque he elegido esta vida".

. . .

A continuación, te doy a hacer la sucesión más larga de ejercicios que hemos hecho hasta ahora.

Pero no te preocupes; tienes más de un día para ponerlos en práctica.

Ejercicio

Veamos ahora sus valores en los principales ámbitos de la vida, empezando por; Relaciones:

¿Qué tipo de hermano/hermana, hijo/hija, tío/tía quieres ser?

¿Qué tipo de relaciones te gustaría establecer?

¿Cómo te relacionarías con los demás si fueras el tú ideal en estas relaciones?

¿Qué tipo de pareja te gustaría tener en una relación íntima?

¿Qué cualidades personales le gustaría desarrollar?

¿Qué tipo de relación te gustaría establecer?

¿Cómo te relacionarías con tu pareja si fueras el "tú ideal" en esta relación?

¿Qué tipo de padre te gustaría ser?

¿Qué tipo de cualidades le gustaría tener?

¿Qué tipo de relaciones te gustaría establecer con tus hijos?

¿Cómo te comportarías si fueras el "tú ideal" con tus amistades y en tu vida social?

¿Qué tipo de cualidades te gustaría aportar a tus amistades?

Si pudieras ser el mejor amigo posible, ¿cómo te comportarías con tus amigos?

¿Qué tipo de amistades te gustaría construir?

¿Qué valoras en tu trabajo?

¿Qué lo haría más significativo?

¿Qué tipo de trabajador te gustaría ser?

Si viviera de acuerdo con su propio ideal, ¿qué cualidades personales le gustaría aportar a su trabajo?

¿Qué tipo de relaciones laborales te gustaría construir?

¿Cómo quieres ser con tus clientes, consumidores, colegas, empleados, compañeros de trabajo?

¿Qué cualidades personales quiere aportar a su trabajo?

¿Qué habilidades quieres desarrollar?

¿Qué valoras del aprendizaje, la educación, la formación o el crecimiento personal?

¿Qué conocimientos le gustaría adquirir?

¿Qué nuevas habilidades te gustaría aprender?

¿Qué tipo de formación complementaria te atrae?

¿Qué tipo de estudiante te gustaría ser?

¿Qué cualidades personales le gustaría aplicar?

¿Qué tipo de aficiones, deportes o actividades de ocio le gustan?

¿Cómo te relajas y desconectas?

¿Cómo te diviertes?

¿Qué tipo de actividades te gustaría hacer?

Refiriéndose a cómo juega, se relaja, se estimula o se divierte; a sus aficiones u otras actividades de descanso, recreo, diversión y creatividad, ¿cómo pasaría el ideal de usted en su tiempo libre?

Espiritualidad:

Lo que sea que signifique la espiritualidad para ti está bien. Puede ser tan simple como estar en comunión con la naturaleza, o tan formal como participar en un grupo religioso organizado. ¿Qué es importante para ti en este ámbito de la vida?

¿Cómo le gustaría contribuir a su comunidad o al medio ambiente, por ejemplo, a través del voluntariado, el reciclaje o el apoyo a un grupo, una organización benéfica o un partido político?

¿Qué tipo de entornos te gustaría crear en casa y en el trabajo? ¿En qué entornos le gustaría pasar más tiempo?

¿Cuáles son sus valores relacionados con el mantenimiento de su bienestar físico?

¿Cómo quieres cuidar tu salud, con respecto al sueño, la dieta, el ejercicio, el tabaco, el alcohol, etc.?

¿Por qué es importante?

. . .

Ejercicio

Te pido que te pruebes con al menos un valor (puedes hacerlo con más).

Tendrá que escribir en su diario sus experiencias con un valor determinado. Esto te dará una prueba experimental directa de si un valor es o no adecuado para ti.

1. Elige un valor: Elige un valor que estés dispuesto a probar durante al menos una semana. Debe ser un valor que puedas promulgar y que te importe. No es el momento de intentar cambiar a los demás o manipularlos para que cambien.

2. Observa las reacciones: Fíjate en cualquier cosa que surja sobre si es o no un "buen" valor, o si realmente te importa este valor. Fíjate en todos los pensamientos por lo que son. Recuerda que el trabajo de tu mente es crear pensamientos. Deja que tu mente lo haga mientras continúas con el ejercicio.

3. Haz una lista: Tómate un momento para hacer una lista de algunos comportamientos que estén relacionados con el valor elegido.

4. Elija un comportamiento: De esta lista, elija un comportamiento o un conjunto de comportamientos que pueda comprometerse a realizar de aquí a la próxima sesión o a las próximas sesiones.

5. Observa los juicios: Fíjate en cualquier cosa que surja sobre si ese es un buen comportamiento o no, si lo vas a disfrutar o si realmente puedes hacer la acción a la que te estás comprometiendo.

6. Haz un plan: Escribe cómo vas a poner en práctica este valor en un futuro muy próximo (hoy, mañana, este fin de semana, etc.). Piensa en cualquier cosa que necesites planificar o poner en orden, como llamar a alguien, limpiar la casa o concertar una cita. Elige cuándo hacerlo: cuanto antes, mejor.

7. Compórtate: Aunque este valor implique a otras personas, no les digas lo que estás haciendo.

Comprueba lo que puedes notar si te limitas a poner en práctica este valor sin contar a los demás el experimento que estás haciendo.

8. Comprométase: Comprométete a seguir tu plan cada día. Fíjate en todo lo que aparezca mientras lo haces.

9. Lleva un diario de tus reacciones: Las cosas que debes buscar y registrar en tu diario incluyen las reacciones de otras personas hacia ti; cualquier pensamiento, sentimiento o sensación corporal que ocurra antes, durante o después de la conducta; y cómo te sientes haciendo la acción elegida por segunda (o quinta, o décima, o centésima) vez. Observa las evaluaciones que indican si esta actividad, valor o dirección valorada fue "buena" o "mala" o los juicios sobre los demás o sobre ti mismo en relación con la vivencia de este valor. Agradece suavemente a tu mente esos pensamientos y comprueba si puedes elegir

no aceptar los juicios que tu mente hace sobre la actividad.

10. Reflexiona.

Ejercicio

Rellene el cuestionario de valores

Importancia actual: ¿Qué importancia tiene esta área en este momento de su vida? Valórelo en una escala del 1 al 10. 1 significa que el área no es importante y 10 significa que el área es muy importante.

Importancia global: ¿Qué importancia tiene esto en su vida en general? Valórelo en una escala del 1 al 10. El 1 es poco importante y el 10 es muy importante.

Posibilidad: ¿Cómo de posible es que ocurra algo significativo en esta área de tu vida? Valora lo posible que crees que es en una escala del 1 al 10: 1 significa que es imposible 10 significa que es muy posible.

Acción: ¿En qué medida has actuado al servicio de esta área durante la semana pasada? Califica tu nivel de acción del 1 al 10. 1 significa que no has hecho nada relacionado con este valor y 10 que has sido muy activo.

Satisfecho con el nivel de acción

¿En qué medida está satisfecho con su nivel de acción en esta área durante la última semana? Valórelo en una escala de 1 a 10.

6

El estímulo

Los niños deben llevar una vida equilibrada, tanto si incluye los videojuegos como si no. Sin embargo, ya hemos hablado de las formas en que tu hijo puede seguir jugando a los videojuegos y, al mismo tiempo, dedicar la misma cantidad de tiempo (o más) a otras actividades más productivas. Ahora, sólo tenemos que mantener la pelota en movimiento para animarles no sólo a diversificarse, sino también a seguir con sus nuevos intereses.

Probar nuevas aficiones es una cosa. Otra cosa es continuar con lo que exige una afición. ¿Cuántas veces has empezado un proyecto y te has dado cuenta de que no tienes el tiempo, la energía o incluso el interés para completarlo? Seguir con algo, especialmente si eres nuevo o no tienes experiencia, puede ser difícil, incluso para un adulto. Así que imagina lo difícil que puede ser para tu hijo.

. . .

En este capítulo se tratará todo, desde cómo mantenerse positivo cuando se enfrentan a baches en sus planes para fomentar otras actividades, qué hacer si a su hijo le cuesta encontrar un nuevo interés, formas más profundas de involucrarse y cómo ser un buen modelo. Hablaremos de las formas en que puede mostrarle a su hijo cómo empezar nuevos proyectos y seguir con ellos, al mismo tiempo que se analizan las formas en que puede evitar hacer demasiado.

Encontrar la actividad adecuada, o incluso sugerir alguna, puede ser difícil. Puede que pienses que tienes una buena idea sobre qué otras cosas podrían interesarle a tu hijo, pero cuando te sientas a hacer una lista, puede que tu mente se quede en blanco. Si a usted también le cuesta encontrar ideas sobre qué otras actividades existen, en este capítulo también se incluyen sugerencias que puede utilizar para hacer su propia lista.

Mantenerse positivo

Lo primero que debemos recordar cuando animemos a nuestro hijo a dejar de jugar por otra cosa es esto: ¡sigue siendo positivo! Roma no se construyó en un día, y alejar a tu hijo de los videojuegos va a llevar tiempo. Puede que no sea tanto tiempo como el que se tardó en construir Roma, aunque pueda parecerlo.

La negatividad de los padres puede hacer que el niño se sienta juzgado o incomprendido. Incluso puede hacerles sentir que se les está presionando; por lo tanto, esto puede apagar todos los esfuerzos temporalmente, e incluso para siempre.

Para evitarlo, queremos evitar la mayor cantidad de negatividad y frustración posible. Una forma de hacerlo es alabarles constantemente y, por supuesto, animarles. Puede tratarse de algo tan pequeño como notar que han pasado dos minutos menos de juego esta semana o algo tan grande como completar uno de los proyectos que ambos decidieron antes.

Cuando te mantienes positivo, no sólo estás guiando a tu hijo hacia el comportamiento que quieres ver, sino que también fomentas un pensamiento más positivo en general.

Se trata de una habilidad vital muy valiosa que el niño podrá utilizar en otros aspectos de su vida. Intenta que aprecie los pequeños momentos de la vida señalando lo bien que lo ha hecho al pintar una pequeña parte de su figurita o al aprender algunas palabras nuevas en otro idioma. Como padres, hay muchas cosas que podemos hacer para ayudar a nuestro hijo a desarrollar una actitud más positiva sobre sí mismo y sobre el mundo fuera de los videojuegos.

Una forma de seguir siendo positivos, y de ayudar a los niños a mantener ese sentimiento positivo, es establecer objetivos realistas que puedan alcanzar. Necesitamos que estos objetivos sean un reto, pero que no parezcan imposibles. Deben ser alcanzables, pero no demasiado, pues de lo contrario se corre el riesgo de que el niño pierda el interés rápidamente. También debemos ser conscientes de que establecer objetivos no es sólo escribir lo que deseamos que ocurra: también debemos planificar los obstáculos que puedan surgir.

Pero, de nuevo, ¡sigue siendo positivo!

La forma más fácil de hacerlo es utilizando el siguiente enfoque: Deseo, Resultado, Obstáculo, Plan.

Utilizar un esquema como éste hará que sea más probable que tu hijo logre su objetivo, lo que se traducirá en una actitud más positiva hacia la actividad e incluso en una mayor confianza. En la vida, habrá obstáculos y desafíos a los que su hijo se enfrentará cuando encuentre una nueva afición o interés. Algo que pensaban que podía ser relativamente fácil puede resultar más difícil de lo que pensaban inicialmente. Esto puede llevar a la frustración, que a su vez puede hacer que el niño abandone por completo.

Una forma de evitarlo es planificar los posibles retos a los que puede enfrentarse tu hijo al elegir una nueva actividad. Incluso puede convertirlo en algo familiar. Hacer una lista de objetivos es la parte fácil. Una vez que se le ocurran algunos, siéntese con su hijo y pídale que piense en algunas cosas que podrían surgir al perseguir sus objetivos y qué podría hacer si se enfrenta a estos obstáculos. Se sentirán más implicados si son ellos los que hacen la mayor parte de la lluvia de ideas, pero tenerle a usted como sistema de apoyo será beneficioso.

Sin embargo, es posible que su hijo no sea el único que se frustre durante este proceso. Lo más importante es que tú también seas positivo. Si su hijo tarda más de lo que a usted le gustaría en conectar con una actividad, evite mostrar su frustración presionándole o empujándole hacia otras actividades de inmediato. La paciencia es la clave. Piensa en la última vez que probaste una nueva afición. Tal vez querías entrar en esa nueva clase de yoga caliente sólo para encontrarte cayendo al suelo en un charco de sudor y lágrimas. O tal vez quisiste mejorar tu viejo coche y acabaste dejándolo peor de lo que estaba antes. Aprender nuevas habilidades requiere mucho tiempo y paciencia, algo que definitivamente podemos permitirnos dar a nuestro hijo.

¿Necesita una forma de seguir siendo positivo durante estos tiempos difíciles? Intente compartir experiencias positivas con su hijo. Tómese un tiempo lejos del nuevo interés para restablecerse.

Ríase con él, abrácelo, llévelo a tomar un helado. Si una nueva actividad o afición no funciona de inmediato, no te rindas de inmediato. Tomarse un tiempo para dar un paso atrás y respirar puede ayudar a motivarles para que vuelvan más tarde o incluso darles a ambos una nueva perspectiva sobre cómo abordar el problema.

La clave aquí es no rendirse.

Esto también significa que debes evitar mostrar tu frustración si tu hijo no encuentra una actividad que le guste. Si le has dado una sugerencia tras otra y tu hijo sigue sin elegir una, evita reaccionar de forma exagerada o desquitarte con él. Esto puede significar que tengas que dar un paso atrás y respirar por un momento. Los niños están influenciados por tus propias emociones. Si te sientes molesto o estresado, lo más probable es que ellos lo capten y empiecen a sentirse así también.

. . .

Así que, tanto si se trata de ayudar a su hijo a trazar sus objetivos y planes, como si sólo se trata de conseguir que elija una actividad en primer lugar, ¿qué debemos hacer? Mantener una actitud positiva.

A veces, simplemente no se puede mantener

Veamos las opciones de su hijo: aprender un nuevo idioma, baloncesto, cerámica, robótica, animación, piano, fútbol y mucho más. Éstas son sólo algunas de las clases, actividades extraescolares y campamentos de verano en los que su hijo podría estar interesado.

Así es. Te has metido en esto.

Cuando busque una nueva afición o actividad fuera de los videojuegos, es posible que su hijo no se quede con la primera que elija. O el décimo. O incluso la centésima. No todas las actividades le aportarán un talento innato, ni todas las clases le llevarán a una pasión para toda la vida. Es posible que tu hijo aún esté descubriendo quién es y este proceso es sólo una forma de hacerlo.

. . .

Pero hay formas de animarles a seguir adelante con lo que realmente decidan.

La elección es el rey y es valioso tener diferentes variables. Se necesita mucha flexibilidad por nuestra parte para notar y observar la evolución de los intereses de nuestros hijos y sus reacciones ante las distintas actividades. Por no hablar de que, a medida que crecen, lo que antes les parecía emocionante puede cambiar por completo a otra afición.

A la hora de inscribir a nuestros hijos en actividades o equipos, debemos ser conscientes de cómo combinar la perspicacia, la inspiración y la previsión para equilibrar las necesidades de nuestro hijo con su pasión e inculcarle perseverancia, alegría y compromiso sin incluir sentimientos de culpa y obligación. También tenemos que prestar atención a la retroalimentación que nos da nuestro hijo y a sus experiencias a medida que crece y cambia.

Hay que evitar que su infancia se convierta en una enorme lista de tareas. Hacer hincapié en la alegría, no en la obligación. Como es lógico, si un niño no se divierte o no disfruta de una actividad, probablemente no querrá continuar.

· · ·

Además, lo más probable es que asocie esa negatividad con otras cosas que podrían aportarle felicidad o una sensación de asombro. Si un niño se siente obligado en lugar de inspirado, su cerebro se ve afectado por el estrés de esta desconexión.

Cuando un niño desarrolla el amor por una actividad, nunca querrá perderse una clase o una lección. Esto no se debe a que tengan un talento excepcional o quieran hacer una carrera de ello, sino simplemente a que disfrutan haciéndolo. Pero, ¿cómo podemos cultivar este disfrute?

Esto puede hacerse conociendo el estilo de aprendizaje de tu hijo. Si un alumno sensorial se ve obligado a sentarse al margen de un partido deportivo en lugar de salir a dar patadas al balón, es posible que haya una desconexión entre su estilo de aprendizaje y el método de enseñanza. Ya sería bastante difícil si ya existe ese tipo de experiencia en su vida diaria, como en el aula. Cuando se filtra en su actividad extraescolar, es vital minimizar la desconexión y maximizar la inspiración o el compromiso.

Al hacer la lista de actividades, asegúrate de tener en cuenta el tipo de estilo de aprendizaje al que reacciona mejor tu hijo. ¿Es más bien un alumno práctico? ¿O prefiere observar a los demás mientras realizan las tareas? Una vez que sepa cómo aprende mejor, será más fácil encontrar una actividad o un instructor que se adapte a las necesidades de su hijo.

Sin embargo, a veces, tu hijo puede no sentirse a gusto con la actividad que quería probar en un principio. Como padres, no sólo debemos interesarnos por sus intereses, sino también por sus desintereses. Los niños que sienten que sus padres o cuidadores les apoyan y se interesan por sus actividades invertirán más energía y esfuerzo y tendrán un mayor sentido del compromiso. Pero eso también es cierto para un niño que sabe que sus padres le cubren las espaldas, incluso si no se siente positivo con esa nueva actividad.

Hay que escuchar con atención el verdadero mensaje que se esconde tras la falta de interés del niño o su deseo de dejarlo. Su aparente desapego puede estar indicando otra necesidad insatisfecha. Por ejemplo, cuando era más joven, odiaba absolutamente ir a un campamento de verano. Mi madre tardó en darse cuenta de que el motivo era un matón del campamento que me había estado acosando sin que nadie se diera cuenta. La angustia emocional que me causó me llevó algún tiempo superarla, pero saber que mi madre me cubría las espaldas y apoyaba plenamente que me sacara del campamento en cuanto lo descubrió me ayudó a seguir adelante.

· · ·

A veces, sin embargo, las expectativas y percepciones de los padres pueden interponerse en el camino. Esto puede crear el efecto contrario al que pretenden los padres. Pero eso ocurre. Cuando ocurre, los padres se encuentran atrapados en batallas por esta nueva afición, luchando con la asistencia y la puntualidad. Estas nuevas actividades no deben dar la sensación de que se está tratando de sacar algún diente. Si lo hace, comprueba si alguno de los escenarios que se presentan a continuación te resulta familiar.

Señales de que ha llegado el momento de dejarlo

Ningún niño querría volver a las clases de violín si el profesor le da miedo o es demasiado estricto.

De hecho, si la relación con un profesor o entrenador roza lo insano o lo incómodo, haría que cualquiera quisiera dejarlo. Si tú no quieres permanecer en un entorno asfixiante e incómodo, lo más probable es que tu hijo tampoco quiera. Obligarles a quedarse y tolerar la incomodidad podría enseñar al niño mensajes poco saludables, como que está bien tolerar el aprendizaje sin alegría, algo que no queremos fomentar.

Sin embargo, puede que no sea sólo el instructor. Tal vez tu hijo sienta ansiedad por un lugar o por otro individuo que comparte el espacio con él. Dependiendo de su edad y de su capacidad de conciencia, tanto el niño como los padres pueden averiguar qué variable está causando la angustia. Si no estás seguro, confía siempre en los sentimientos de tu hijo.

Como he mencionado anteriormente, cada niño tiene un estilo de aprendizaje diferente y si ese estilo de aprendizaje es demasiado diferente del método de enseñanza, puede ser lo que esté obstaculizando el compromiso. Hay que satisfacer sus necesidades de aprendizaje al realizar una nueva actividad. Si este es el problema, intenta encontrar un nuevo instructor que pueda hacer estas adaptaciones para tu hijo.

Si no es posible, prueba tú mismo otro enfoque o haz que encuentre una actividad completamente nueva en la que el estilo de aprendizaje sea más ajustable.

Si tu hijo se siente muy angustiado por algún aspecto de estas actividades, nunca debes obligarle a seguir haciéndolas. Si el conflicto o el estrés asociado a la actividad es elevado, lo más probable es que su hijo no quiera seguir haciéndola. Sin embargo, asegúrese de diferenciar entre el estrés saludable al que se enfrentará al dominar una nueva habilidad y el que podría inducir una ansiedad debilitante. Si empiezan a sentir que el estrés de aprender una nueva habilidad es demasiado, no tengas miedo de intervenir y ayudarles a dar un paso atrás. Esta sería una gran oportunidad para ayudar a enseñarles mecanismos de afrontamiento saludables para el estrés, para empezar.

Por último, no tema decir adiós a una afición o actividad si su hijo simplemente la ha superado. A veces, la necesidad de un niño de desprenderse puede deberse simplemente a que la actividad no se ajusta a sus necesidades de desarrollo, emocionales o circunstanciales. Sepa cuándo debe decir adiós a algo que ya no se ajusta a los intereses o necesidades cambiantes de su hijo a medida que envejece y madura.

Lo que no hay que hacer

Hay muchos factores que pueden hacer que un niño pierda el interés o incluso empiece a resentirse con una nueva actividad que tanto quería probar al principio. Algunos de esos factores podemos ser nosotros, los padres.

He aquí algunos de los comportamientos que, como adultos, debemos evitar cuando animamos a nuestros hijos a ampliar sus horizontes.

Una de las mayores amenazas para el flujo del niño es utilizar una actividad como recompensa o castigo.

Cuando alguien se siente amenazado con la pérdida de lo que le gusta hacer por alguien que intenta controlar su comportamiento, perderá el deseo y el interés por continuar. Su hijo puede sentir que usted no valora realmente su actividad si está dispuesto a eliminarla o a mantenerla por encima de sus posibilidades. Podríamos pensar que la posibilidad de perder lo que nos gusta hacer podría ser un fuerte motivador, pero en realidad es lo contrario.

¿Otro desmotivador? El acoso. ¿Cuántas veces has querido dejar un deporte o una actividad simplemente porque tus propios padres te han recordado una y otra vez todo el tiempo y el dinero que han malgastado por tu falta de práctica? ¿Por qué lo hacen los padres? Podría ser una pesada mezcla de sus propias emociones e historias pasadas que se está filtrando en la vida de nuestro hijo. En algún nivel inconsciente, puede que alberguemos expectativas basadas en nuestros propios sueños no realizados y puede que, sin saberlo, veamos a nuestro hijo como una versión más joven de nosotros mismos, adoptando la misma postura que uno o ambos de nuestros propios padres adoptaron con nosotros en el pasado.

Pero acosarles con la práctica y recordarles el tiempo y el dinero que se gastan en la actividad es una forma segura de crear una sensación de monotonía en torno a todo ello. Algo que, de nuevo, queremos evitar.

· · ·

Además de acosar, jugar a ser juez o criticar a nuestro hijo también puede provocar sentimientos de querer abandonar. Tu hijo puede sentir que no es lo suficientemente bueno para continuar, o puede empezar a perseguir tu aprobación. Además, aunque se gane esa aprobación, es posible que no confíe en ella. Puede que pienses que le estás apoyando al gritar consejos útiles desde la barrera, pero en realidad podrías estar alejando a tu hijo de su nuevo interés. No es muy constructivo sentirse observado y corregido sobre lo que hace mal cada segundo. Del mismo modo, no le digas constantemente a tu hijo lo bien que lo está haciendo cuando está realizando una actividad.

Crear una narración detallada de su actividad podría hacer dos cosas: crear sentimientos de autoconciencia e interferir con la experiencia interna del niño en la actividad. Hacer comentarios mientras el niño realiza su actividad podría apagar la luz, atenuar el flujo y hacer que se sienta más consciente de lo que está haciendo mal. Todo esto podría llevarles a no querer continuar con la actividad.

Pero nada apagará la llama de tu hijo como las comparaciones.

Algunos instructores o padres pueden comparar a su hijo con otros para empujarlo a lograr más o a esforzarse más. Sin embargo, el resultado real no es la motivación, sino el sentirse desinflado. Es decirle a tu hijo que debería ser más como otra persona, y podría desperdiciar cualquier posibilidad de que abra su propio camino a través de estas nuevas experiencias.

No tenga miedo de renunciar

El objetivo final es alejar a nuestros hijos de los videojuegos y que crezcan mediante el autodescubrimiento, el aprendizaje y el dominio. Pero siempre hay un momento y un lugar para el descubrimiento y un momento para el cambio.

No pasa nada por dejar de hacerlo cuando su hijo esté seguro de que ya no le interesa o de que la actividad le resulta demasiado difícil. No pienses en ello como un abandono, sino como una parte del crecimiento. O puede que simplemente esté agotado y necesite un descanso. Tal vez lo retomen, o tal vez no. En cualquier caso, debe ser el niño quien decida cuánto está dispuesto a soportar y cuándo quiere dejarlo.

7

Más formas de involucrarte

En los capítulos anteriores, repasamos cómo hacer que tu hijo (o tú mismo) se dedique a una nueva actividad y qué hacer si ellos (o tú) no quieren seguir con la nueva pasión que eligieron (o elegiste).

Así que he decidido incluir una pequeña lista de ideas para ayudar en este ámbito si tu lista se queda corta.

Si a tu hijo le gustan mucho los juegos al aire libre y le encantan todas las cosas online (como he dicho), ¡no te preocupes! Hay muchas posibilidades y carreras que pueden gustarle a tu hijo y que tienen que ver con los ordenadores y los juegos, sin que necesariamente tenga que jugar a los videojuegos.

. . .

Digamos que estas actividades pueden ser definitivamente más productivas, incluso para los más adultos.

Por ejemplo, intenta encontrar algunos programas -en línea o en tu universidad local-que ofrezcan cursos de codificación. Aprender a programar es uno de los pasatiempos naturales que los jugadores pueden practicar. Y, si lo piensas, los videojuegos no existirían sin el poder de la codificación. Aprender a codificar puede inspirar a un jugador a pasar de jugador a desarrollador, lo que le permitirá elegir una carrera con gran potencial en el futuro. Hay muchas maneras de introducir a tu hijo en esta nueva actividad. Puedes ir desde buscar un tutor de codificación, probar algunos campamentos tecnológicos virtuales, o incluso conseguirles algunos juguetes de codificación para niños, como la robótica LEGO, un portátil Pi-top para niños, o Micro:bit, un ordenador programable que ofrece a los niños un tutorial y una muestra de lo que es posible codificar.

Otra actividad relacionada con los juegos que puede interesarles es el modelado 3D. Los videojuegos no son sólo código: también se necesitan personajes y entornos, y todo ello lo hacen los modeladores 3D. Existen programas como Autodesk Maya, que es el estándar del sector, o una versión gratuita llamada Blender. Ambas son muy buenas opciones cuando se trata de aprender a modelar en 3D por tu cuenta.

. . .

Sin embargo, también puede ser útil encontrar algunos cursos e instructores que te ayuden con esto, porque es un pasatiempo más complicado. Sin embargo, ¡seguro que mantendrá a tu hijo ocupado!

Una actividad que quizá no le parezca una opción, pero que podría ayudar a su hijo a adquirir habilidades para captar una audiencia y comercializar es crear un canal de YouTube. Esto se ha vuelto aún más popular hoy en día y muchas personas incluso ganan dinero con ello. Si a tu hijo no parece apasionarle nada más, pero le encanta jugar a esos juegos multijugador y hablar con sus amigos en línea, piensa en esto como una forma más productiva y centrada de hacerlo. Tendrán que dedicar tiempo y esfuerzo a configurar su canal y pensar en lo que quieren grabar y por qué.

Luego, tendrán que aprender a comercializarlo para que su canal sea un éxito. Su nuevo canal podría incluso hacer que se ramificaran hacia otros temas más allá de los videojuegos.

Algo que es más artístico pero que sigue estando relacionado con la tecnología es el diseño gráfico. Tu hijo puede dar rienda suelta a su creatividad en la pantalla, sobre todo si le gustan los juegos con detalles de alta definición y entornos de juego profundos. El diseño gráfico es como un árbol con muchos tipos de ramas. Tu hijo podría dedicarse al diseño de juegos o quizá a la publicidad y el marketing.

Incluso podrían crear portadas para grupos musicales, autores y mucho más. Hay muchas cosas que se pueden hacer sólo con esta afición.

Si todavía no has encontrado una actividad, aquí tienes una pequeña lista con más ideas:

Aficiones físicas

Las aficiones físicas incluyen, como habrás adivinado, cualquier deporte y otros intereses que te animen a mover el cuerpo. Son excelentes para su salud física, mental y social. Algunos de ellos pueden realizarse de forma individual o tu hijo podría unirse a equipos de clubes locales y grupos de Facebook para participar en deportes de equipo.

Una cosa que hay que recordar: su hijo no tiene que ser un gran atleta para hacer esto. Si le gustan los juegos deportivos -quizá juega demasiado al FIFA-, haz que pruebe un pasatiempo físico y comprueba si le gusta la versión real. El objetivo es divertirse y mantenerse activo. Incluso si no son deportistas o no les gustan los deportes en general, puedes convertirlo en algo familiar dando paseos juntos después de la cena, cualquier cosa que les haga salir al aire libre y moverse. Aquí tienes una lista de pasatiempos físicos que puedes probar:

- Baloncesto
- Ejecutar
- Fútbol
- Voleibol
- Yoga
- Natación
- Patinaje artístico
- Rugby
- Dardos
- Fútbol americano
- Tai chi
- Gimnasia
- Escalada en roca
- Karate
- Montar a caballo
- Skateboarding
- Pesca
- Tiro con arco
- Taekwondo
- Esgrima

· · ·

Cualquier deporte sirve. Pero si tu hijo o tú no son deportistas, hay más tipos de aficiones que pueden probar.

Aficiones creativas/artesanales

Estas aficiones creativas son perfectas para dar rienda suelta al lado artístico y pueden ser perfectas para el auto-cuidado.

Los pasatiempos creativos incluyen cualquier tipo de arte o artesanía de bricolaje, como escribir un diario o tejer, pero no se limitan a ellos. Si tu hijo está realmente interesado en el arte, haz que pruebe diferentes medios o que se apunte a algunas clases en el centro de ocio local o en línea. Algunas de ellas podrían convertirse en una gran carrera potencial.

- Pintura - óleo, acuarela, acrílico
- Escultura
- Quemado de leña
- Pintura sobre vidrio/vidrio manchado
- Letras a mano
- Caligrafía
- Fabricación de jabones o velas
- Origami
- Observación de las estrellas

- Escribir
- Fabricación de joyas
- Alfarería/cerámica
- Maquillaje/Peluquería
- Fotografía
- Costura/tejido/bordado
- Diario de viñetas
- Decoración del hogar
- Actuando
- Diseño de moda
- Tallando
- Pintar figuras de juegos o personajes

Aficiones mentales

Los pasatiempos que entran en esta categoría pueden ser un gran estímulo para el cerebro de su hijo. Ayudan a evitar el deterioro de las funciones mentales y pueden ayudar a tu hijo a estimular su cerebro de formas más desafiantes. Puede que su hijo no sea deportista o artista, pero le gustan más las actividades relacionadas con la mente. Tal vez les guste jugar a juegos con misiones y retos más reflexivos, como Uncharted, en los que tienen que resolver acertijos o rompecabezas.

· · ·

La mayoría de estas actividades pueden realizarse en solitario, pero algunas cuentan con comunidades enteras que ayudan a las personas interesadas en estas aficiones.

- Leer
- Crucigramas/sudoku/juegos de palabras/otros juegos de palabras
- Aprender un nuevo idioma
- Planificación de viajes y desplazamientos
- Blogging
- Voluntariado
- Rompecabezas
- Creación de podcasts
- Astronomía
- Clases de ingeniería
- Otras asignaturas que su hijo podría estar interesado en estudiar, como Cálculo, Zoología, Biología, Psicología, etc.

Aficiones musicales

Este tipo de aficiones son perfectas para aliviar el estrés, crear una comunidad y aprender una nueva habilidad.

Además, ¡no todos estos pasatiempos tienen que ver con el aprendizaje de un nuevo instrumento!

- Cantar/formar parte de un coro
- Baile: ballet, hip hop, moderno, etc.

- Aprender a leer música
- Aprender a escribir letras de canciones
- DJ/aprendizaje de música electrónica
- Tambores
- Violín
- Cello
- Trompeta
- Guitarra - clásica, baja o eléctrica
- Únase a una banda
- Aprender a componer música

Aficiones gastronómicas

Los pasatiempos relacionados con la comida y la bebida se realizan sobre todo de forma individual, aunque son una forma estupenda de conocer también a otras personas. Hay comunidades en todo Internet interesadas en actividades de cocina y repostería, en intercambiar recetas, en aprender nuevas habilidades culinarias y cocinas étnicas.

- Cocinar
- Horneado
- Asar a la parrilla
- Empezar un blog de comida
- Clases de cocina
- Coleccionar artículos relacionados con la comida, como especias únicas, cafés, tés, etc.

• Coleccionar tazas de café, platos, tazas de té o porcelana fina, etc.

• Aprenda las cocinas tradicionales de todo el mundo

• Arte de los postres

Juegos/Puzzles Pasatiempos

Ninguna lista de actividades puede estar completa sin una sección de juegos de mesa y rompecabezas. Este tipo de actividades son perfectas si a tu hijo le gusta jugar a juegos más mentales en línea o necesita un mayor desafío. Tu hijo puede hacerlas solo, con sus amigos o incluso puedes convertir estas nuevas actividades en una noche de juegos en familia.

• Puzzles

• Juegos de cartas

• Ajedrez

• Rompecabezas 3d

• Figuras de juegos o personajes

• Crear sus propios rompecabezas o juegos de mesa

• Aplicaciones de RPG de puzzle como 1010, Monument Valley 2, Solitario, etc.

• Juegos temáticos como los imprimibles de Fortnite

• Dungeon and Dragons (en línea o en una tienda de juegos local) Aficiones de modelismo y carpintería.

. . .

A muchos niños les encanta hacer cosas con sus manos. Esto les ayuda a desarrollar su aprendizaje. A menudo puede ser un trabajo duro, pero también es muy satisfactorio ver los resultados finales. Y, una vez que tu hijo termine un proyecto, podría vender su trabajo en sitios como Etsy o eBay o podrías poner una mesa en ferias de artesanía. Este tipo de aficiones también pueden convertirse en una gran opción profesional.

- Construcción de muebles
- Maquetas: coches, aviones, trenes, etc.
- LEGO
- Quemado/tallado de madera
- Trabajo de los metales
- Construir una casa para pájaros
- Escultura de metal
- Diseño de joyas
- Soldadura

Esta es sólo una pequeña lista para ayudar a que se te ocurran ideas, pero hay un montón de aficiones diferentes que puedes probar. Muchos de estos pasatiempos pueden conducir a opciones de carrera para toda la vida y su hijo puede mantener el interés en ellos a medida que crece. Mientras su hijo esté interesado, aprenda y se divierta, eso es lo único que importa. Y, oye, ¡quizá tú también puedas dedicarte a una o dos aficiones nuevas con ellos!

Sé un modelo a seguir

. . .

¿Quieres saber cuál es la mejor manera de hacer que tu hijo participe en nuevas actividades y se aleje un poco de la pantalla? Sí, lo sabes. Sé un buen modelo de conducta. Los niños suelen crecer imitando el comportamiento, las creencias e incluso las actitudes de sus padres. Tienes que asegurarte de que tu hijo está aprendiendo comportamientos positivos, como, por ejemplo, tener una autoestima sana, estar más seguro de sí mismo y desarrollar una buena ética de trabajo para seguir con cualquier nueva actividad que decida hacer.

Entonces, ¿qué es un buen modelo de conducta? Probablemente tengas una idea básica de esta función, pero siempre es bueno repasarla. Los modelos de conducta son personas que influyen en los demás sirviendo de ejemplo, a ser posible bueno. A través de sus cualidades, comportamientos y logros personales, los modelos de conducta pueden inspirar a otros a esforzarse y desarrollar rasgos y cualidades positivas sin tener que dar instrucciones sobre cómo hacerlo.

Ser un buen modelo de conducta no sólo influirá en la forma de actuar de su hijo, sino que también influirá en sus niveles de empatía, su altruismo y la forma en que maneja las situaciones difíciles a las que podría enfrentarse más adelante en su vida.

Esto se convertirá en una de las herramientas más poderosas que podría tener como padre, especialmente cuando se trata de guiar a su hijo hacia actividades más saludables y productivas.

Te hayas dado cuenta o no, tu hijo te observa a ti y a tu forma de comportarte, aunque creas que no te presta ninguna atención. Tus acciones, creencias y actitudes se convertirán en una parte integral de la forma de ser de tu hijo, así que ser un modelo positivo requerirá cierto esfuerzo, previsión y autocontrol. Además, ser consciente de esta responsabilidad podría animarte a mejorar tú también.

Algunos padres intentan adoptar el enfoque de "haz lo que digo, no lo que hago", que en realidad no es tan eficaz como creen. Los niños son muy conscientes de la hipocresía y la olfatean como un sabueso; esta forma de pensar puede hacer que pierdan la confianza en ti. Es necesario que hagas lo que tienes que hacer, no sólo lo que dices.

Si quiere que su hijo aprenda algo nuevo o se interese por una nueva afición, debería intentarlo usted mismo. Cuando su hijo vea que usted adquiere una nueva habilidad o se interesa por una nueva afición, lo más probable es que siga su ejemplo. Además, puede que empiece a respetarte aún más si sigues tus propios consejos.

· · ·

Pero empezar una nueva afición no es lo único que puedes hacer para animar a tu hijo a parecerse más a ti. Cuando empiece una nueva actividad, seguro que se enfrentará a algunos retos negativos que pueden desanimarle o hacerle sentir mal. Modela cómo afrontar estas situaciones a través de tu propio comportamiento. Por ejemplo, debes tener en cuenta cómo manejas el estrés y la frustración; cómo respondes a los problemas; cómo tratas a los demás; cómo afrontas la competencia, la pérdida y el cometer errores; cómo celebras; y cómo te cuidas (mediante la actividad física o la alimentación saludable).

También deberías preguntarte qué puedes hacer para modelar los comportamientos y actitudes positivas que quieres que tu hijo desarrolle. ¿Quiere que su hijo desarrolle una fuerte ética de trabajo? ¿Quiere que tenga el valor de defender sus convicciones? ¿Está criando a futuros adultos que sean pacientes, amables y considerados? ¿Diligentes y persistentes? No puede esperar que aprendan estos comportamientos por sí solos: necesitarán un buen modelo que se los demuestre.

Y otra cosa: perdone los errores. Tanto si se trata de recaer en los viejos hábitos de los videojuegos como de cometer un error al probar una nueva afición, enséñele a su hijo a afrontar y resolver los problemas de forma positiva y tranquila.

. . .

Y si comete un error, reconozca el paso en falso, acepte la responsabilidad, pida disculpas y discuta con su hijo lo que podría hacer la próxima vez para evitar repetir el error. Este es el mismo proceso que puedes seguir para ayudar a tus hijos a afrontar los errores.

¿Necesitas ideas más profundas para modelar eficazmente? Hay muchas cosas que puede hacer.

Puedes empezar con algo sencillo, como incluir a tus hijos en las discusiones familiares, tal y como he mencionado anteriormente en este libro. Utiliza este tiempo en familia para mostrarles cómo las personas pueden trabajar juntas y llevarse bien.

Y -voy a repetirlo porque es importante- practique lo que predica. Puede demostrarle a su hijo que le gusta la educación y el aprendizaje (por ejemplo, iniciando una nueva afición o habilidad). Si hace que parezca agradable e interesante adentrarse en algo nuevo en lugar de tratarlo como una tarea, es más probable que su hijo tenga una actitud más positiva al respecto. Esto también podría llevar a tener actitudes más positivas hacia la escuela.

. . .

Si su hijo está tomando clases o formando parte de una comunidad relacionada con su nueva afición, usted no será el único modelo a seguir en su vida.

Los profesores, los entrenadores, los dirigentes de los clubes e incluso los amigos podrían influir en ellos. Asegúrese de que se encuentra en un entorno positivo, rodeado de otros modelos positivos cuando empiece su nueva actividad. Puedes ayudar a tu hijo a averiguar quién sería un modelo positivo haciéndole preguntas como las siguientes:

· "¿A quién buscas como guía e inspiración?"

· "¿Quién crees que es una buena influencia para los demás en tu comunidad y por qué?"

Incluso puedes preguntarles a quién admiran y discutir por qué tu hijo piensa que es un modelo positivo.

Sin embargo, no todos los modelos de conducta son positivos. Esta es una gran oportunidad para recordar a tu hijo que todo el mundo tiene buenas y malas cualidades y que cualquiera puede cometer un error. Pero tendrán que diferenciar entre lo malo y lo bueno y entre los talentos y la actuación pública de alguien y sus elecciones personales en la vida. Haz que tus hijos piensen en el comportamiento de ese modelo de conducta y en si tu hijo haría algo diferente.

· · ·

Luego, puedes darles ejemplos positivos y más sanos sobre cómo afrontar las cosas.

No te pases de la raya

Al iniciarse en una nueva actividad o probar una nueva afición, siempre existe la posibilidad de agotarse. Pero, ¿cuánto sería demasiado? Entre el colegio, los entrenamientos, los partidos y todo lo demás, nuestra mente y nuestro cuerpo pueden ser un indicador de que estamos forzando demasiado las cosas, algo que a menudo ignoramos.

Su hijo no sería una excepción. Puede que se involucren tanto en su nueva actividad que no se den cuenta de que se están quemando rápidamente y el agotamiento puede llevar a menudo a abandonar una nueva actividad o afición.

Entonces, ¿cuáles son las señales a las que debemos prestar atención?

Algunos signos de que su hijo está experimentando estrés por agotamiento incluyen el cansancio permanente. Es habitual que los niños estén agotados por su rutina diaria de colegio, prácticas y aficiones en casa después de los deberes.

Pero, ¿y si se sienten agotados durante todo el día? Esto podría ser una señal de que están agotados. Incluso puede resultarles más difícil levantarse por la mañana y empezar el día.

Otro signo es sentirse negativo o tener menos paciencia. Si el niño empieza a sentir que no está haciendo lo suficiente, o que no es lo suficientemente bueno y se está quedando atrás, puede que se esté excediendo. Empezará a sentirse más negativo y pesimista que antes, aunque esté trabajando a pleno rendimiento y logrando muchas cosas.

Otro indicador podría ser que no están rindiendo tanto como antes. Si están haciendo demasiadas cosas, puede que no sean capaces de concentrarse tan bien o de hacer incluso tareas sencillas que antes eran fáciles. Esto podría provocar sentimientos aún más negativos y un golpe a su autoestima.

¿Te suena algo de esto? A continuación te explicamos cómo puedes ayudar a tu hijo si está agotado. Encontrar otras actividades que permitan a su hijo "desconectar" puede ayudar a restablecer su mentalidad. Si está demasiado centrado en su afición, convirtiéndola en una obsesión, esto podría ayudarle a dar un paso atrás, tomar un respiro y volver a intentarlo cuando esté más sano mentalmente. Puede hacer que su hijo ayude como voluntario en una organización benéfica de su elección. También podríais tomaros unas vacaciones en familia. Desviar su atención para que no se centre sólo en su afición puede ayudarles a desestresarse.

Asegúrese de que su hijo duerme lo suficiente por la noche y se alimenta bien. Estas son las bases de la salud, el bienestar y el funcionamiento óptimo.

Pueden ayudar a los niños a afrontar situaciones de estrés. También puedes buscar ciertos suplementos para ayudar a mejorar su dieta y conseguir las vitaminas y minerales que necesitan para un funcionamiento saludable. Aunque no les guste el ejercicio, hacer que salgan al menos unas horas al día les ayudará sin duda a su salud física y emocional.

Aprender a notar las señales y evitar el agotamiento lleva tiempo. Tendrás que averiguar qué es lo que mejor funciona para ti y para tu hijo. Recuerde que el agotamiento puede ocurrirle a cualquiera, incluso si las actividades de su hijo son agradables y estimulantes. Si experimenta agotamiento, no es porque no esté interesado en la actividad o no encuentre placer en ella, sino porque puede haber llegado a un punto frustrante. Es durante estos momentos cuando tendrás que utilizar estrategias para superar el agotamiento y hacer que tu hijo tome una dirección más útil.

8

Domina tu tiempo y estructura tu vida para expulsar a los videojuegos

EL EJECUTIVO FRENTE al trabajador

Para volver a ponerme un poco académico te diré algo sobre la memoria de trabajo. Cuando intentas planificar las cosas al mismo tiempo que las haces, estás trabajando al 50% de tu capacidad. Esto se debe a que tu memoria de trabajo (la memoria RAM de tu cerebro, para los frikis de la informática) es muy limitada y cuando la mitad de ella está ocupada intentando idear qué hacer y la otra mitad está ocupada por los juegos, es imposible ser productivo. Por eso es importante que planifiques tu día, tu semana y tu mes antes de empezar.

Una vez que tienes una tarea específica que necesitas hacer, tienes que hacerla más específica para que puedas convertirlas en tareas muy tangibles. Para ello, hay que dividir las tareas en trozos.

Digamos que tengo una tarea como: "Necesito escribir un ensayo para la escuela". Esto podría dividirse en varias tareas más pequeñas y manejables como:

· Apunta la investigación para tu trabajo
· Redactar un esquema para su trabajo
· Redactar el documento
· Corregir la redacción

La regla número uno de la creación de tareas es hacerlas lo más específicas y "fragmentadas" posible.

Ahora vamos a hablar de la segunda regla de la creación de tareas. Se trata de incluir siempre un VERBO en las tareas.

Veamos esta tarea:

Correo electrónico

Esto no te dice realmente nada. Ahora vamos a comprobar esta tarea:

Compruebe su correo electrónico

Se trata de una tarea concreta e imaginable. Evite

"ahorrar tiempo" escribiendo tareas ambiguas en sus tareas pendientes. Incluya siempre un verbo en sus tareas. Esto las hará tangibles, imaginables y realizables.

La tercera regla para estructurar tu vida es diferenciar los hábitos, los rituales y las tareas pendientes.

Los rituales (algunos los llaman diarios) son cosas que se hacen todos los días, cada semana o cada mes:

Meditar utilizando una de las meditaciones de este libro

Ejercitarse

Escribir si eres escritor

Ir a la iglesia el domingo

Los hábitos son cosas que no pueden ser definidas por el tiempo y son simplemente prácticas de comportamiento. Por ejemplo:

Comer sano

Comer de forma consciente todas las comidas

Escribir un sueño después de despertarse

Las tareas pendientes son cosas que se hacen una vez y luego se "cruzan".

Por ejemplo, aquí están las mías:

Revisa la lección 8 del libro de adicción a los videojuegos (Recuerda que tienen que ser lo más específicos posible)

9

Grabar la meditación de "atención a la respiración

AHORA PUEDE QUE PIENSES: todo esto está muy bien, pero ¿cómo se va a poner en práctica todo esto? "Hay un software gratuito que planificará tu vida de esta manera y aumentará tu motivación y compromiso al mismo tiempo.

Este programa le permitirá no sólo planificar todas sus tareas, hábitos y rituales, sino también crear un sistema de recompensas. La vida no es todo valor. Está bien permitirse actividades benignas y placenteras como leer o ver una película de vez en cuando has hecho el trabajo. Si pones todas tus recompensas en Habitica y te comprometes a hacerlas sólo cuando las hayas "comprado" en este programa, te aseguras de que tu placer nunca sea un "placer culpable", sino un placer ganado. Para saber más, sólo tienes que visitar su página web.

· · ·

Ahora te estarás preguntando; "¿Cómo transfiero mi lista de tareas a Habitica sin que sea abrumadora?"

Primero crea una lista de todas las tareas que tienes que hacer este mes. El secreto que hará que sea mucho menos abrumador es ponerlas en un documento separado y guardarlo en algún lugar seguro. Puedes descargar e instalar Dropbox y subir el documento allí.

Una vez que hayas terminado, ahora crea tu primer ritual. Pon las tareas de tu lista de tareas en Habitica. Ahora, cada semana, transferirás las tareas de tu lista de tareas a tu lista de tareas de Habitica. Sólo pondrás en Habitica las tareas que puedas hacer esta semana. No la semana que viene o la siguiente, sólo esta semana. De este modo, no te verás abrumado por una lista de tareas innecesariamente larga; recuerda que debes vivir el presente.

Cada vez que se te ocurra una tarea urgente durante la semana, simplemente añádela a Habitica.

Y cada vez que se te ocurra alguna tarea no urgente (por ejemplo, algo que tiene que hacerse pero que puede hacerse en uno o dos meses) la pondrás en tu documento de lista de tareas.

. . .

Ahora organiza las tareas de la lista de tareas de Habitica por orden de prioridad. Las tareas urgentes e importantes deben realizarse primero, seguidas de las demás por orden de importancia y cronología. También puedes agrupar las tareas creando "listas de control" dentro de las tareas.

Así siempre sabrás lo que tienes que hacer.

Ahora podrías decir: "Todo esto está muy bien. Pero esto realmente no planifica mi día".

Este es el punto débil de Habitica. Pero eso no significa que no se pueda remediar. Lo haremos combinando Habitica con el sistema de gestión del tiempo diario más potente jamás creado; La Técnica Pomodoro.

La ciencia detrás de esto es simple. Se ha demostrado que los seres humanos son capaces de concentrarse de forma continua durante sólo 25 minutos. Después de eso, nuestra mente se distrae y podemos empezar a pensar en los videojuegos. Además, nuestra mente sólo puede concentrarse eficazmente en una cosa a la vez. Esto se debe, una vez más, a que nuestra memoria de trabajo es limitada y, cuando se sobrecarga, el coeficiente intelectual disminuye. Se ha demostrado que cuando realizas varias tareas a la vez tu coeficiente intelectual disminuye aproximadamente un 30%.

La solución a este problema es trabajar continuamente en una tarea y olvidar todo lo demás en tu vida. Trabaja en esta única cosa y olvídate de todo lo demás.

En esto consiste la Técnica Pomodoro. Trabajas durante 25 minutos (o de 10 a 20 minutos si tu capacidad de atención es menor debido al uso excesivo de videojuegos) y luego te tomas un descanso de 2 a 5 minutos. Luego, después de 4-7 sesiones de trabajo, te tomas un descanso más largo de 30 minutos para utilizar los puntos de recompensa en Habitica.

Lo mejor es que la Técnica Pomodoro tiene muchas aplicaciones de escritorio. Mi favorita es Pomodone (puedes saber más sobre ella en su web oficial).

Como Habitica es un programa online y como tal podría entrar en conflicto con un método de no distracción, la alternativa es utilizar la aplicación móvil de Habitica en un smartphone con filtro de internet. Pero la mejor alternativa es hacer esto:

Cada día, antes de que tu Internet se apague por tu método preferido de bloqueo de energía (conecta tu router Wi-Fi a un bloqueo de energía temporal para que, después de una hora determinada, no puedas usarlo hasta el día siguiente) transfiere la lista de tareas que tienes que realizar al día siguiente a otra aplicación de escritorio. (Tanto Pomodairo, que funciona en todas partes, te permite crear una lista de tareas Pomodoro).

No hagas ningún trozo mayor de 7 pomodoros. Si una tarea tarda más de 7 horas en completarse, significa que se puede dividir en trozos.

También puede transferir estas tareas a una aplicación pomodoro instalada en su smartphone.

Muchas aplicaciones de pomodoro tienen la opción de crear una lista de tareas. Sin embargo, si tienes un smartphone, puedes utilizar una aplicación de pomodoros sin una lista de tareas y simplemente utilizar la lista de tareas en Habitica.

De este modo, tendrás todo el día planificado al dedillo sin dejar tiempo para los videojuegos.

La técnica pomodoro convertirá cualquier cosa que hagas en una meditación en esencia. La clave para utilizar esta técnica es:

· Tener una cosa muy específica que hacer durante cada bloque de tiempo.

· Centrarse sólo en esa cosa.

· Siempre que te distraigas con cualquier otra cosa. Date cuenta y vuelve a bajar tu atención.

¿Recuerdas la meditación sobre la atención a la respiración que escuchaste hace un tiempo? Esto es similar.

Es sólo una versión "más fácil", ya que lo más probable es que sea más fácil prestar atención a lo que estás trabajando que a tu respiración. Básicamente, cualquier actividad a la que prestes atención plena y a la que vuelvas inmediatamente después de notar que te has distraído, cuenta como meditación.

Hoy te daré otra meditación para que seas consciente de ello.

La conciencia de una tarea

Elija cualquier actividad que haga automáticamente y que forme parte de su rutina matutina.

· · ·

Puede ser lavarse los dientes, afeitarse o ducharse. Cuando la realices, estate totalmente presente en ella y concéntrate por completo en lo que estás haciendo. Toma conciencia de todas las sensaciones que acompañan a esa actividad. Sé consciente de lo que sientes, de lo que oyes y de lo que ves mientras realizas esa actividad. Hazte plenamente presente con ella y acoge todo lo que experimentas mientras la realizas.

Por ejemplo, cuando estés en la ducha, fíjate en la temperatura del agua y en cómo se siente en tu piel, y permítete notar el sonido que hace el agua. Observa el olor del jabón y cómo se siente en tu piel. Observa el impacto de las gotas de agua en tu piel, el agua que cae por tu cuerpo y el vapor que se eleva. Toma conciencia y siente los movimientos de tus brazos mientras te frotas la piel.

Cuando surjan los pensamientos, reconócelos, date cuenta de ellos y déjalos estar, y vuelve a centrar tu atención en la ducha con mucha delicadeza. Siempre que tu atención se desvíe inevitablemente, permítete reconocerlo con suavidad, observa lo que te distrae y vuelve a centrar tu atención en la ducha. También puedes hacer esto con todas las tareas posibles, como fregar los platos o cualquier otra tarea de poca importancia.

. . .

Escoge cualquier tarea que normalmente harías con prisas y "para terminar" y trata de hacerla como una práctica de atención plena. Esta es una práctica muy común en los monasterios zen.

Cuando los monjes zen hacen cualquier cosa, desde cocinar hasta cortar leña, lo hacen como una práctica de atención plena.

Por ejemplo, cuando laves los platos, fíjate en el color de los mismos y en el tacto del jabón o del guante de cocina en tu piel. Fíjate en el sonido que hacen los platos al limpiarlos. Nota el olor de la solución limpiadora. Observa el movimiento de tus manos sobre la vajilla y la sensación de la esponja en tu mano.

Conquista tus impulsos en los videojuegos con Urge Surfing Antes de describírtelo, quiero que veas el concepto de los impulsos. Siempre que sientas un impulso, básicamente sólo tienes dos opciones: Actuar o no actuar. Y como tal, cada vez que tengas un impulso tienes que preguntarte a ti mismo: "Si actúo ante este impulso, ¿actuaré como la persona que quiero ser? ¿Me ayudará a llevar mi vida en la dirección que quiero?". Si la respuesta es afirmativa, entonces tiene sentido que actúes según ese impulso. Por ejemplo, si no has comido en dos días y tienes el impulso de comer, podrías comer algo.

Por otro lado, si tienes el impulso de jugar a los videojuegos, este impulso no está alineado con lo que quieres ser, y como tal es mejor no actuar en consecuencia.

Cada vez que se desencadenan tus patrones adictivos se activan; los pensamientos y creencias que te llevan a hacer cosas adictivas han tenido prioridad en tu mente. Están bien entrenados, tan bien entrenados que cada vez que se activan pueden tomar el control de toda tu mente si te fusionas con ellos. En ese momento, funcionas con el piloto automático, y eres esencialmente controlado por ellos.

Cada vez que te desencadena un estímulo externo se activa un patrón de adicción bien entrenado y actúas en piloto automático. Actuar con el piloto automático es esencialmente desconsideración y fusión. Te fusionas con tu pensamiento adictivo.

La solución a este problema es practicar la atención plena con la técnica que aprenderás en esta lección, llamada Urge Surfing.

· · ·

Para vencer tus patrones de adicción tendrás que darte cuenta de tus impulsos Para manejar tus impulsos con eficacia, primero tienes que ser consciente de ellos y reconocerlos.

Lo más probable es que a través del entrenamiento intensivo de mindfulness que te hemos dado en las lecciones anteriores ya hayas tomado conciencia de tus impulsos. Ahora sólo tienes que aprender a reconocer el impulso cada vez que lo notes. Es muy sencillo de hacer.

Simplemente te dices en silencio "tengo ganas de hacer x".

Por ejemplo, "tengo ganas de jugar a World of Warcraft".

A continuación, simplemente comprueba tus valores.

"¿Actuar sobre este impulso me ayudará a ser la persona que quiero ser? ¿Me ayudará a llevar mi vida en la dirección que quiero?". Si la respuesta es afirmativa, entonces sigue adelante y actúa, utiliza el impulso para darte fuerza. Pero si la respuesta es no, entonces haz una acción que esté más en línea con tus valores.

. . .

Entonces, ¿qué hacemos cuando un impulso nos empuja en la dirección opuesta a nuestros valores? No queremos luchar o resistirnos a ese impulso, porque eso sólo lo hace más fuerte y nos imposibilita actuar con eficacia. Así que, en lugar de intentar resistirse o reprimirlo, hay que abrirse a él.

Si te abres a él y le das cabida, le quitarás el poder al impulso. Ya no te controlará, pues tendrás el espacio necesario para tomar decisiones correctas sobre tu vida.

Para ayudarte a hacerlo, hemos integrado todo lo que has aprendido hasta ahora sobre mindfulness y valores en una sencilla técnica llamada urge surfing, que utilizarás a partir de ahora cada vez que te surja la necesidad de jugar a los videojuegos.

¿Has observado alguna vez las olas del mar? Una ola empieza siendo pequeña y crece suavemente. Luego, poco a poco, adquiere velocidad y aumenta de tamaño. Luego sigue expandiéndose y hasta que alcanza su tamaño máximo. Luego, una vez que ha alcanzado su tamaño máximo, se vuelve gradualmente más pequeña. Lo mismo ocurre con los impulsos en tu cuerpo.

Empiezan siendo pequeños y luego aumentan gradualmente de tamaño.

Si se le da suficiente espacio a una ola del océano, alcanzará su tamaño máximo y se calmará inofensivamente. Pero, ¿qué ocurre cuando una ola encuentra resistencia? ¿Has visto alguna vez una ola chocar contra una playa o estrellarse contra las rocas? Es ruidoso y destructivo.

En el surf de impulsos, aprendes a no resistirte a las olas de impulsos que se producen en tu mente. En su lugar, simplemente surfearás sobre ellas hasta que se disipen por sí solas o hasta que pierdan todo el control sobre ti.

Ejercicio - Surgimiento de la urgencia

Primero observa. Sólo nota lo que siente en su cuerpo.

Entonces reconoces la sensación que tienes, por ejemplo: "Tengo ganas de jugar a los videojuegos".

Ahora pon tu atención en tu respiración y en ti mismo "¿Podría abrirme a esta experiencia?"

. . .

Permítete simplemente hacer espacio para esta experiencia.

Simplemente ve si puedes hacer espacio para ella.

Haz una pausa de cinco segundos. Ahora clasifíquelo. En una escala del 1 al 10, ¿qué tan fuerte es?

Puedes calificarla en silencio o en voz alta. Ahora pregúntate: "¿Podría permitir que esta experiencia sea así en este momento?". Y observa qué ocurre si eres capaz de estar con esta experiencia. ¿Simplemente observarla sin juzgarla?

Haz una pausa de cinco segundos. Ahora pregúntese:

"¿Podría permitirme observarlo como un científico curioso?" Y simplemente obsérvalo. Recuerda que, por muy grandes que sean esos impulsos, tienes espacio para ellos. Si le das suficiente espacio, su poder sobre ti disminuirá.

Simplemente obsérvalo y ábrete a él. Crea un espacio para ello.

. . .

Haz una pausa de diez segundos. Te voy a dar unos segundos para que estés con este impulso. Haz una pausa de diez segundos.

Ahora nos gustaría que consultaras tus valores. Pregúntate: "¿Qué acción puedo hacer ahora mismo en lugar de intentar resistir o controlar mis impulsos, que mejorará mi vida a largo plazo?"

Y ahora, ¡hazlo!

¿Qué causa la adicción al juego?

Incluso sin un diagnóstico oficial de este trastorno, algunos individuos sacrifican su trabajo y sus relaciones con tal de pasar horas a la semana jugando a los videojuegos. Algunos niños se aficionan tanto que amenazan a sus padres o se vuelven físicamente violentos cuando se les dice que apaguen el juego.

Probablemente, muchos padres han leído sobre estos casos o lo han experimentado, lo que demuestra que los videojuegos tienen un poder adictivo.

· · ·

Aunque no hay pruebas anecdóticas de ello, la experiencia en el mundo real y la creciente concienciación sobre otras adicciones conductuales explican que los videojuegos sean cada vez más aceptados como una adicción. La Organización Mundial de la Salud (OMS) incluso ha añadido el "trastorno del juego" a su lista oficial de enfermedades.

Sin embargo, es importante tener en cuenta que, sólo porque su hijo pase mucho tiempo jugando a los videojuegos, no significa necesariamente que sea adicto. Algunas personas pueden pasar horas jugando sólo porque lo disfrutan, pero también pueden dejar de hacerlo sin mucha dificultad. En cambio, los que podrían ser adictos, no serían capaces de dejar de jugar incluso cuando saben que deberían hacerlo. A veces, son conscientes de cómo estos juegos están afectando a su familia, sus amigos, su trabajo o su educación y otras veces no.

Cuando alguien siente que necesita jugar a los videojuegos para ser feliz o sentirse realizado y se siente insatisfecho o miserable cuando no puede jugar, puede tener un trastorno tan real como el alcoholismo o la ludopatía. Los síntomas de abstinencia se utilizan habitualmente para caracterizar los trastornos por abuso de sustancias y, aunque el síndrome de abstinencia de los juegos todavía se está estudiando, los profesionales han documentado posibles síntomas de abstinencia de los videojuegos que incluyen fatiga, dolores de cabeza, insomnio, emociones agresivas y ansias intensas de volver a jugar.

Entonces, ¿qué puede causar este tipo de adicción? Los estudios han demostrado que quienes luchan contra los síntomas de la adicción a los videojuegos juegan a juegos multijugador en línea.

Los MMORPG son especialmente adictivos porque sus argumentos ofrecen infinitas oportunidades de aventura dentro de un vasto mundo de fantasía en el que la gente puede vivir esencialmente una vida totalmente diferente como una persona completamente distinta.

Los MMORPG y otros juegos multijugador también suelen tener grandes comunidades de jugadores en las que muchas personas se sienten bienvenidas, apreciadas y útiles, algo que quizá no sientan en el mundo real. Estos jugadores pueden unirse a clanes, ayudar a otros jugadores, hacer amigos e incluso desarrollar un estatus social en este tipo de comunidades. Para estos jugadores, la sensación de formar parte de algo más grande y tener papeles importantes que desempeñar puede ser importante y significativa, especialmente si no experimentan este tipo de gratificación social en la vida real. Para ellos, no es sólo un juego, sino su vida social y un pilar de su autoestima.

· · ·

El origen de la adicción, cuando se trata de videojuegos, aún se desconoce, pero los investigadores han propuesto que jugar y ganar estos juegos puede desencadenar una liberación de dopamina, y esa es una de las formas en que los juegos son adictivos. La dopamina es una sustancia química del cerebro que eleva el estado de ánimo y proporciona un subidón de energía. Es la sensación que tenemos cuando logramos algo, desde un gran éxito en el trabajo hasta comer la comida que nos gusta.

La dopamina no sólo está vinculada al aprendizaje, la exploración y la sensación de recompensa, sino que también es inseparable de la formación de hábitos, algo que influye en gran medida en los comportamientos adictivos. Cuanto más satisfechos se sientan los jugadores al superar un nivel tras otro de su juego, más atractivo se vuelve el juego; de ahí el ciclo del que usted podría estar luchando por sacar a su propio hijo. Y los desarrolladores de juegos casi han perfeccionado el arte de hacerlos lo más atractivos posible.

¿Cuándo buscar ayuda profesional?

Como he dicho, hay cierta controversia sobre si los videojuegos pueden ser una adicción o no. Sin embargo, puede suponer un grave riesgo para la salud mental, física y social. También podría llevar a comportamientos similares a la adicción.

Las empresas se han esforzado por crear juegos que hagan que la gente vuelva a por más, lo que a su vez les haría ganar más dinero. Es parte de la razón por la que algunos juegos han durado tanto.

Los juegos predecibles no venden ni mantienen a la gente jugando mucho tiempo después de que la novedad haya desaparecido. Los desarrolladores de juegos utilizan algo llamado "programa de refuerzo de proporción variable", que es un proceso que tiene a los jugadores sentados frente a las máquinas tragaperras durante horas y horas.

¿Pero qué significa eso? Por ejemplo, descubrir ciertos objetos de bonificación puede parecer lo esperado, pero los jugadores no sabrán cuándo esperarlos o dónde encontrarlos porque se generan aleatoriamente. Algunos de estos objetos o niveles de bonificación pueden incluir recompensas mayores u objetos más raros, lo que anima a los jugadores a continuar el juego hasta encontrarlos, casi como una búsqueda del tesoro. Y luego el ciclo continúa con algunos juegos que se actualizan constantemente con nuevos objetos, nuevos retos y nuevas formas de mantener a los jugadores comprometidos, a veces hasta el punto de descuidar su vida en el mundo real.

. . .

Algunos indicadores de que su hijo tiene una grave relación de adicción con el juego son: bajo rendimiento en la escuela, en el trabajo o en casa a causa del juego; abandono de otras aficiones, intereses o amistades; disminución de la higiene personal; incapacidad para establecer límites en el juego; signos de irritabilidad, ansiedad o enfado cuando se le pide que deje de jugar, aunque sea por poco tiempo; Necesidad de jugar más intensamente para experimentar el mismo nivel de disfrute; síntomas de abstinencia físicos o psicológicos como pérdida de apetito, inquietud, incapacidad para dormir, agitación o arrebatos emocionales si se les obliga a dejar de jugar durante períodos más largos; y uso de los videojuegos como forma de escapar de situaciones estresantes en el trabajo, la escuela o incluso en casa.

Si su hijo ha mostrado más de uno de estos comportamientos durante largos periodos de tiempo, puede que sea el momento de buscar más ayuda profesional. Esto no significa que haya fracasado como padre. No significa que no haya hecho todo lo posible por ayudar a su hijo. Sólo significa que su hijo necesita más ayuda profesional de la que usted puede darle en este momento. Y no pasa nada.

. . .

Mientras su hijo reciba la ayuda que necesita, esto no se refleja de ninguna manera en usted o en sus habilidades como padre.

¿Qué debe esperar del tratamiento profesional?

La creciente popularidad de los videojuegos ha llevado al desarrollo de programas de tratamiento para algo que podría considerarse una adicción.

Incluso hay algunos centros de tratamiento especializados en la adicción a los videojuegos, como el Hospital de Tratamiento de Laguna, en el condado de Orange (California); el Centro de Tratamiento Greenhouse, en Dallas (Texas); y el Centro de Tratamiento Sunrise House, en Lafayette (Nueva Jersey), entre otros.

El tratamiento de este nuevo trastorno incluye terapias de modificación del comportamiento, como la terapia cognitiva conductual (TCC). La TCC es un tipo de psicoterapia que cuestiona los patrones negativos de pensamiento sobre el yo y el mundo con el fin de eliminar los patrones de comportamiento no deseados. También se utiliza para tratar trastornos del estado de ánimo como la depresión y la ansiedad.

. . .

Este tratamiento se utiliza para guiar al paciente lejos de los patrones de pensamiento y hábitos obsesivos de la adicción.

A menudo se lleva a cabo además de las sesiones de asesoramiento individual.

No sólo hay tratamientos individuales para el trastorno de juego, sino también terapia de grupo y familiar. Se trata de una valiosa fuente de motivación y apoyo moral, especialmente para aquellos que han perdido el contacto con la familia, los amigos o los compañeros como consecuencia de su adicción al juego.

Si cree que sería beneficioso estar presente durante las sesiones de su hijo, le recomiendo encarecidamente la terapia familiar.

Sin embargo, no se trata de un tratamiento único para todos, como no suele ocurrir cuando se trata de psiquiatría.

Los planes de tratamiento se diseñan en función de las necesidades individuales del paciente, según su edad, su fe, su situación profesional y otros factores importantes relacionados con su tratamiento. En este momento, ningún tratamiento puede presumir de una tasa de éxito perfecta. La mayoría sigue necesitando más investigación, ya que se trata de un trastorno bastante nuevo.

Si usted o su hijo están nerviosos por tener que pedir ayuda profesional, hay muchas otras opciones para ayudar a su hijo a facilitar la obtención de ayuda. Por ejemplo, los centros de adicción locales permiten a quienes visitan su sitio web recibir apoyo por texto para obtener recursos sobre la adicción y la recuperación e información sobre su proceso de tratamiento. Este soporte de texto personalizado está disponible las 24 horas del día, los 7 días de la semana, y se puede utilizar según su conveniencia. No hay ninguna obligación al utilizar este apoyo de texto y usted puede optar por salir en cualquier momento.

Deberías notarlo:
• El trastorno de la ludopatía no sólo se desarrolla en los niños, sino que puede ser experimentado por jugadores de todas las edades.
• Aunque este trastorno de la salud mental sólo afecta al 0,003% o al 1% de la población que juega a los videojuegos, sigue considerándose una condición extrema.
• Para que la conducta de juego se considere un trastorno, el DSM-5 señala que debe causar un deterioro o malestar significativo en varios aspectos de la vida de la persona
• La designación de la clasificación del juego excesivo

como adicción sigue siendo un tema candente entre los profesionales de la salud mental, y la APA aún no está plenamente convencida de su validez a pesar del creciente número de investigaciones.

• En última instancia, será usted, como padre, quien deba vigilar y evaluar el riesgo que los videojuegos suponen para su hijo.

• El origen de la adicción, cuando se trata de videojuegos, es aún desconocido, pero los investigadores han propuesto que jugar y ganar en los videojuegos puede desencadenar una liberación de dopamina en el cerebro.

• Si su hijo ha mostrado más de uno de los comportamientos peligrosos durante largos períodos de tiempo, puede que sea el momento de buscar más ayuda profesional.

• Este nuevo tema, y la creciente popularidad de los videojuegos, ha creado una nueva conciencia del problema. Esto, a su vez, ha llevado al desarrollo de programas de tratamiento para algo que podría considerarse adictivo.

• Incluso hay algunos centros de tratamiento que se especializan en las adicciones a los videojuegos.

• El tratamiento de este nuevo trastorno incluye terapias de modificación del comportamiento, como la TCC, y terapias familiares y de grupo.

• Si usted o su hijo están nerviosos por tener que pedir ayuda profesional, hay muchas otras opciones que le ayudarán a facilitar la obtención de ayuda.

. . .

Si está cada vez más preocupado por la conducta de juego de su hijo y los consejos que se dan en este libro no han tenido un impacto significativo en él, no dude en pedir ayuda a los profesionales.

Una vez más, tomar este tipo de medidas no se refleja de ninguna manera en usted o en sus esfuerzos por estar ahí para su hijo. De hecho, buscar ayuda es un gran indicador de que te preocupas y quieres a tu hijo, así como por ti mismo, ¡y nunca deberías avergonzarte de ello!

Conclusión

Hoy en día, no es de extrañar que los padres se preocupen cada vez más por el tiempo que sus hijos pasan jugando a los videojuegos. Es posible que hayas luchado por alejar la atención de tu hijo de la pantalla y dirigirla hacia otras actividades, o incluso que hayas luchado por conseguir que se centre en las responsabilidades y necesidades que tiene en el mundo real. Y cuando ha intentado ayudar, su hijo puede haberse vuelto cada vez más malhumorado e incluso agresivo.

Tener que lidiar con los gritos de tu hijo porque has pulsado el botón de apagado de su consola puede parecer exagerado, pero es bastante común. Este tipo de comportamiento puede hacerte sentir que estás fallando como padre y que no has hecho todo lo posible para criar a un ser humano capaz.

No eres el único que ha luchado con este tipo de cosas.

Conclusión

Los padres de todo el mundo están preocupados por los efectos que los juegos tienen en la salud mental, social y física de sus hijos.

Jugar a los videojuegos no es el pasatiempo más activo y mirar una pantalla durante horas no parece ser bueno ni para los ojos ni para la concentración. Tal vez te preocupe que la salud física de tu hijo se deteriore o que pueda desarrollar problemas en las muñecas, las manos o su capacidad de concentración.

Con los constantes desarrollos que hacen que los juegos sean más atractivos, las familias también han empezado a preocuparse por estos comportamientos que conducen a la adicción. Sin embargo, como he mencionado, esta nueva obsesión por los videojuegos es un tema candente entre los profesionales de la salud mental. Si yo fuera usted, me tomaría el tiempo de investigar por mi cuenta para formarme una opinión más personal sobre si creer o no que su hijo necesita ayuda profesional o si el juego es simplemente su salida para protegerse de otros problemas de salud mental. Ser proactivo con respecto a su hijo nunca es malo. Comprender mejor por qué su hijo puede ser dependiente de los videojuegos es un buen punto de partida.

Como ya hemos comentado en este libro, hay muchas razones por las que los niños y los adolescentes se aficionan a los videojuegos; algunas las podemos entender, otras quizá no tanto.

Conclusión

La mayoría de nosotros hemos crecido antes de que los videojuegos fueran una cosa, o cuando apenas estaban apareciendo en el mercado, por lo que puede ser difícil para los padres de hoy en día relacionarse con sus hijos cuando se trata de este pasatiempo. Estar al día de todas las novedades de la cultura actual puede resultar agotador y, a veces, confuso.

Aunque no entendamos del todo cómo puede surgir esta adicción, todos sabemos lo que es querer escapar del aburrimiento cotidiano, aunque sea por un rato. Esa es nuestra conexión con nuestro hijo, nuestra experiencia pasada con el escapismo. Es algo que todos podemos entender.

Deberías tener este conocimiento a mano cuando empieces a relacionarte más con tu hijo. Para tu generación, la evasión podía consistir en montar en bicicleta por el barrio y jugar al aire libre con tus amigos. Hoy en día, las cosas son un poco diferentes.

Los videojuegos son una forma de que los niños y adolescentes se escondan del mundo real durante un rato. Estos mundos digitales son vastos y es muy fácil perderse en ellos. Fueron creados para hacer que el jugador vuelva una y otra vez, dando a los jugadores una sensación de comodidad y rutina. Por eso, los videojuegos se han hecho cada vez más populares para utilizarlos también en las aulas, para ayudar a que los niños se sientan más cómodos dentro de un entorno de aprendizaje, a la vez

153

que hacen que el aprendizaje sea más atractivo y divertido.

Por eso te sugiero que cojas el mando tú mismo. Experimentar realmente las mismas emociones y el mismo subidón de adrenalina que tu hijo puede sentir con los juegos puede ser la mejor manera de empezar a entender por qué les gustan. Si tú también juegas a los videojuegos, ya te sientes identificado. Jugar no sólo te dará una mejor idea de cómo se siente tu hijo, sino que también te ayudará a tener otro puerto abierto para empezar a comunicarte con él. Ambos podréis estar relacionados con la experiencia del otro, lo que os dará la oportunidad de abrir también otras líneas de comunicación.

Aunque podemos entender la necesidad de evadirse, nos cuesta un poco más entender que estos videojuegos puedan ser adictivos. ¿No se aburren los niños de hacer misiones una y otra vez? ¿No se sienten solos?

La mayoría de nosotros podría creer que jugar a los videojuegos es una actividad solitaria, que aleja al jugador de las interacciones del mundo real y de los comportamientos sociales. Sin embargo, hemos aprendido que eso no es del todo cierto. Las comunidades de jugadores han ido creciendo y creando espacios seguros para quienes disfrutan de intereses similares, aunque vivan en la otra punta del mundo. Permite que los niños formen y fortalezcan relaciones con personas con las que probablemente nunca tendrían la oportunidad de interactuar de otro modo, abriendo puertas a otras culturas, orígenes e identidades que nunca experimentarían sin jugar.

Asumir roles de liderazgo en gremios u otros juegos tipo clan puede ayudar a tu hijo a aprender responsabilidad y habilidades sociales más profundas, como animar a los demás y resolver conflictos, entre otras.

Los videojuegos pueden satisfacer algo más que las necesidades sociales de los niños. Para muchos niños, pueden ser una red de seguridad, un lugar al que escapar cuando el mundo real es demasiado. Si no se sienten cómodos consigo mismos en el mundo real, hay juegos a los que pueden recurrir para crear la vida y el avatar que desearían ser en la vida real. También pueden proporcionar estimulación mental a los niños que quizá no reciban suficiente en la escuela. Los videojuegos han creado mundos enteros en los que los niños y adolescentes pueden perderse y descubrir nuevos retos e incluso relaciones. Además, los videojuegos son francamente divertidos y emocionantes. Los niños disfrutan de la competición que suponen los juegos.

Pero eso no es todo. Los videojuegos también se han utilizado en los planes de tratamiento de otros trastornos mentales, como la depresión o la ansiedad. Pueden proporcionar una salida emocional y física a personas traumatizadas, permitiéndoles disociarse de sus estados físicos. Los videojuegos pueden incluso utilizarse en los planes de tratamiento para ayudar a desintoxicar a los adictos al juego.

Aunque todavía no se ha investigado la eficacia de los juegos en los planes de tratamiento, no cabe duda de que pueden ser una herramienta útil para los profesionales de la salud mental a la hora de conectar con los pacientes.

Aunque el juego tiene aspectos positivos, también tiene un lado negativo. Cuando el juego se apodera de la vida de una persona, interfiriendo con sus necesidades sociales y físicas, puede convertirse en un problema muy grande. Los niños, los adolescentes e incluso los adultos pueden aprovechar la evasión que proporcionan los videojuegos para descuidar sus necesidades en el mundo real. Puede costarles el trabajo, las notas y las relaciones sociales con sus familias, compañeros y amigos. También podrían empezar a descuidar su higiene y otras necesidades de salud física para pasar más tiempo frente a la pantalla. Si se ignora el problema durante demasiado tiempo, podría ser un hábito increíblemente difícil de abandonar, lo que llevaría a problemas más graves.

Seguro que has tenido algún problema al intentar guiar a tu hijo lejos de los juegos.

Probablemente no habrías cogido este libro si no fuera así. Sólo tienes que saber que el conflicto entre los miembros de la familia está destinado a suceder de una forma u otra y que hay formas positivas de afrontarlo. Como hemos dicho, este tipo de conflicto puede ocurrir cuando tu hijo puede sentir que sus necesidades, intereses o preocupaciones se ven amenazados o invalidados.

Trabajar para abrir esas líneas de comunicación entre usted y su hijo, ya sea en el trayecto en coche al colegio o durante otra actividad o manteniendo una pequeña charla durante la cena, puede ayudarle a aliviar posibles conflictos.

La comunicación es la clave. Tienes que demostrarle a tu hijo que estás de su lado, en su equipo.

Una vez que empiece a confiar en usted y a cubrirle las espaldas, se mostrará más abierto. Sigue comunicándole lo mucho que le quieres y te preocupas por él, al tiempo que escuchas sus deseos y necesidades.

Estar en sintonía con sus sentimientos o deseos también ayudará a evitar que recaigan en los mismos comportamientos de siempre. Presta atención a cuándo quieren dejar otra actividad o si ya no les parece interesante. Cuanto más rápido puedas sugerir otra actividad para sustituir la anterior, más probable será que no vuelvan a caer en los mismos patrones que te esforzaste en cambiar. Recuerda, no intentes presionar a tu hijo para que haga algo con lo que no se sienta cómodo o no disfrute. Queremos que desarrollen un sentido de asombro y emoción al probar cosas nuevas.

No olvides que no pasa nada si tu hijo se adentra en diferentes aficiones aquí y allá. Cuando los niños son pequeños, todavía están en proceso de descubrir quiénes son. Por eso, es posible que no se queden con la primera actividad que les ofrezcas. Y no pasa nada. De nuevo, tendrás que ser paciente mientras tu hijo descubre lo que le funciona y lo que no. Asegúrese de dar a su hijo mucho apoyo, ya sea económico o emocional. Necesitará que esté a su lado, dándole la confianza necesaria para seguir probando cosas nuevas y aprendiendo lo que le gusta y lo que no.

Puede parecer mucho trabajo para simplemente alejar a tu hijo del mando, pero es totalmente necesario. Como padre, es tu responsabilidad ayudar a guiar a tu hijo a través de los altibajos, ayudándole a crecer y a convertirse en un adulto capaz de afrontar los retos de la vida. Trabajar en esta relación, y modelar el comportamiento positivo que quieres ver en el futuro, ayudará a tu hijo a largo plazo. Convertirse en un modelo de conducta es probablemente una de las mejores maneras de hacer que su hijo participe en nuevas actividades.

Ser un buen modelo de conducta no sólo influirá en la forma en que su hijo se comporta cuando se trata de nuevas actividades o aficiones, sino que también puede enseñarle habilidades para toda la vida. Si le muestra a su hijo la paciencia, la voluntad de probar algo nuevo y la forma de afrontar las situaciones de estrés, puede ayudarle a desarrollar un mejor sentido de la empatía, el altruismo y la capacidad de gestionar el estrés. Los niños tienden a observar -y copiar-las acciones y palabras de sus padres. Por eso, lo mejor que puedes hacer es seguir el camino.

Es normal que un padre se preocupe por el desarrollo de su hijo. No estás loco por pensar que los videojuegos pueden ser perjudiciales para el crecimiento de tu hijo. Es una preocupación muy válida. En este libro hemos esbozado algunas formas de ayudarle a establecer una conexión más fuerte con su hijo, así como diferentes maneras de guiarle lejos de la pantalla y hacia actividades más productivas.

Hablamos de cómo evitar el conflicto abierto cuando se enfrenta a su hijo, cómo mantenerse positivo y tomar un mejor control sobre su tiempo frente a la pantalla, así como la forma de maniobrar hacia otros intereses.

Lo más importante es tener paciencia. No se trata de una solución rápida y se necesitará tiempo para reforzar el comportamiento que quieres ver, mientras trabajas en los comportamientos que quieres cambiar. Es posible que tu hijo acepte las nuevas actividades en un abrir y cerrar de ojos o que se muestre reacio a dejar de jugar por algo de lo que no está seguro. Hay que darles tiempo para que se adapten y adopten nuevas rutinas.

Si usted y su hijo siguen luchando contra los malos hábitos de juego o no han encontrado ayuda en ninguna de estas sugerencias, puede que sea el momento de pedir ayuda a un profesional. Hay que abordarlo con delicadeza, ya que es posible que su hijo no esté dispuesto a hablar del tema con otra persona. También es posible que no crea que hay un problema con su comportamiento, para empezar. Seguir estos consejos para construir una relación más sólida con tu hijo te ayudará enormemente. Cuanto más fuerte sea el vínculo entre los dos, más fácil será guiarlos hacia la ayuda que necesitan.

Por lo tanto, continúe construyendo la confianza y la conexión que creó y recuerde: ¡manténgase positivo! Si sigues animando a tu hijo, estando a su lado y sin rendirte nunca, tus acciones podrían tener grandes recompensas.

Con el tiempo, tu hijo puede reconocer que lo que has hecho por él ha sido mejor incluso que ganar una partida en Fortnite.